Das Buch

»Ali Baba war sein ganzes Leben hindurch mit dem geheimen Sinn der Zahlen verbunden, hatte in seiner Jugend mit 40 Räubern in 1001 Nächten gelebt, hat mit drei Kamelen und einem Weib sein ehrbares Leben begonnen und es mit 39 Kamelen, drei Söhnen und einer Tochter beschlossen. Als tiefe Weisheit hatte er aus dem Brunnen seiner Seele geschöpft, daß das Leben zuletzt nur aus den vier Rechenarten Zuzählen, Abziehen, Vervielfachen und Teilen besteht.« Mehr an mathematischen Kenntnissen sind denn auch nicht nötig, um die hier versammelten Zahlenrätsel zu lösen und ihre ausführlichen Begründungen nachzuvollziehen. Karl Menninger begnügt sich nicht mit nüchternem und knapp formuliertem Denksport. Mit großer Lust am Fabulieren erzählt er diese Knobelgeschichten, deren Ursprung zum Teil in der Antike liegt. In vergnüglich epischer Breite erfährt man von Ali Babas verzwicktem Vermächtnis oder von Dantes Besuch bei Pythagoras und anderen mathematischen Sündern im Fegfeuer, von Achills berühmtem Wettlauf mit der Schildkröte und von den unerwarteten Problemen, die sich für Wolf, Geiß und Krautkopf beim Überqueren eines Flusses stellen.

Der Autor

Karl Menninger, 1898 in Frankfurt geboren und 1963 in Heppenheim gestorben, war Oberstudienrat für Mathematik, Physik und Kunsterziehung in Heppenheim. Berühmt wurde er durch seine lehrreichen und unterhaltsamen Longseller zur Mathematik: ›Rechenkniffe‹ (1931, 12. Auflage 1983), ›Zahlwort und Z[illegible] (1933, 3. Auflage 1979), ›Kugelbauch, Mathematisch[illegible]

dtv Spiele

Hochkeppel: Denken als Spiel (965)
Orbán: Schach als Denkspiel (1029)
Müller: Steckbriefe. Ein biographisches Ratespiel (1405)
Orbán: Endspiele und Mattüberfälle. Schach als Denkspiel 2 (1659)
Botermans, Delft, Dobbelsteen: Denkspiele mit Domino, Würfel und Streichholz (10049)
Mander, Dipple, Gossage: Papierflieger (10050)
Morris: 99 neunmalkluge Denkspiele (10094)
Haber (Hrsg.): Mathematisches Kabinett (10121)
Botermans, Delft, Dobbelsteen: Denkspiele mit Bleistift und Papier (10131)
Abbott: Kartenspiel als Kunst (10165)
Sackson: Spiele anders als andere (10186)
Kelsey: Magische Zahlenspiele (10199)
Bryant, Postill (Hrsg.): Mit Witz und Grips (10200)
Botsch: Hirnverzwirner (10293)
Logeleien von Zweistein (10306)
Prause: 55 × Wer war's? (10339)
Namislow: Hexagramm (10340)
Menninger: Ali Baba und die 39 Kamele (10353)
Botsch, Barnard: Neue Hirnverzwirner (10363)

Karl Menninger:

Ali Baba und die 39 Kamele

Klassische Knobelgeschichten

Deutscher
Taschenbuch
Verlag

dtv

Im Text ungekürzte Ausgabe
November 1984
Deutscher Taschenbuch Verlag GmbH & Co. KG,
München

ISBN 3-7614-0430-1
Umschlaggestaltung: Celestino Piatti
Gesamtherstellung: C. H. Beck'sche Buchdruckerei,
Nördlingen
Printed in Germany · ISBN 3-423-10353-3

Inhalt

An dich, lieber Leser!

Seitdem wir wegen eines Apfels aus dem großen Paradies vertrieben sind, hegen und pflegen wir Menschen jeder ein eignes seelisches Lusum- oder Paradiesgärtlein. Darein pflanzen wir denn so alles, was wir auf unserem Lebensweg gefunden haben und zu finden hoffen: von den Ritterspornen stolzer Pläne über die Veilchen stiller, beglückender Erfüllungen bis zu den Aurikeln und Primeln kleiner, bunter Sehnsüchte; und auch die blauköpfigen Disteln stacheliger Erfahrungen vergessen wir dazwischen nicht. Nur muß über allem die Liebe als warme Sonne darüberliegen und das Lächeln als erfrischender Tau.

Und irgendeine Absonderlichkeit muß ein gerechtes Seelengärtlein noch dazu haben, also wie wenn einer nur blaue Blumen zieht, wegen der einen, die er nie gefunden hat. Das, in das Dich Ali Baba hineinführen wird, hat alle seine Besinnlichkeiten aufgebunden an den Stöckel einer Zahlengeschichte. Warum? Ja, warum? Vielleicht weil die Zahlen auch ihr Gesicht und ihre Weisheit haben, vielleicht auch nur, um das Pflänzlein der Erzählung daranzuheften.

Da mag sich nun der eine, allein oder in fröhlichem Kreis, lieber an den Zahlenstöckel halten und versuchen, selbst seinen Geist daran aufzubinden; geht ihm dabei die Luft aus, kann er in den angehängten Lösungen (S. 77) wieder zu Atem kommen. Der andere dagegen mag einfach nur die heitere Menschlichkeit in den Geschichten genießen und sie nach Lust und Geschmack mit dem Salz eigener Erfahrung würzen. Wenn aber mancher meint, der Zahlenstöckel sei doch gar zu dürr und die Pflanze, die sich darum und darüber rankt, zu üppig, dann soll er doch versuchen, nicht mit Stöckelaugen durch den Garten zu gehen. Und die Leute, die sagen, ein gutgedüngter Dickwurzroman sei nahrhafter, die mögen sich ruhig auf die Schreib- und Rieselfelder der Großgrundbesitzer begeben, die Jahr für Jahr ihre Ernte mit ratternden Pflügen und viel Pfuhl hereinbringen.

Für ein Lusumgärtlein jedoch, das allein mit Gemüt gepflegt

wird, muß einer nicht einen Magen, sondern ein Herz haben und soviel Verstand, um sich selbst nicht wichtiger zu nehmen, als er in Wirklichkeit ist.
So führe Dich denn nun Ali Baba hinein in das Vorliegende, nachdem Du dreimal tief den Staub von der Seele geatmet hast, und entlasse Dich weniger finster und verfroren, als Du kamst.

Ali Baba und die 39 Kamele

Als Ali Baba die Geschichte mit den 40 Räubern hinter sich hatte, dachte er an eine anständige Seßhaftigkeit, wie jeder Mensch, der nach den ersten 25 Mostjahren seines Lebens fühlt, daß seine Hefe sich nun still und taub am Boden absetzen will. So kehrte denn Ali Baba von seinen Streifzügen durch die 1001nächtigen Abenteuer eines Tages wieder in die Arme seines Vaters zurück und begann ein guter Wein zu werden.

Sein Vater, hocherfreut über den Wandel und die Heimkehr seines Sohnes, sann, wie er ihm beides sinnvoll lohnen könne. Eines Tages hatte er es mit Allahs Hilfe gefunden: er schenkte ihm 3 Kamele und starb.

Ali Baba dankte ihm für beides und schickte sich an, in die Fußstapfen seines Vaters zu treten. Er wurde ein männlicher Ali Baba, führte seine 3 Kamele hinaus auf die Karawanenstraße und brachte 4 Kamele heim; führte 4 Kamele hinaus und brachte 5 heim; führte diese hinaus und mehrte so Jahr für Jahr seine Familie. Beim 17. Mal führte er mit dem 20. Kamel auch ein Weib unter sein Dach und fing mit ihr an, seine Familie auch nach der menschlichen Seite zu vermehren. So hatte er es mit den Jahren auf 39 Kamele, 3 Söhne, Ali, Hussein und Muhammed und 1 Tochter Fatme gebracht. Das war der Reichtum, mit dem Allah seine 70 Jahre gesegnet hatte.

Ali Baba war sein ganzes Leben hindurch mit dem geheimen Sinn der Zahlen verbunden, hatte in seiner Jugend mit 40 Räubern in 1001 Nächten gelebt, hatte mit 3 Kamelen und 1 Weib sein ehrbares Leben begonnen und mit der genannten Zahl Kamele und Kinder beschlossen. Als tiefe Weisheit hatte er aus dem Brunnen seiner Seele geschöpft, daß das Leben zuletzt nur aus den vier Rechenarten Zuzählen, Abziehen Vervielfachen und Teilen bestehe: *Zieht* nicht das Kind alles, was es nur bekommen kann, von den Eltern *ab,* um überhaupt etwas zu haben? Kürzt und erweitert es das nicht, macht es zu Gemischten und Ganzen, um es am

Ende der Mostjahre *zusammenzuzählen* als Grundlage für die Weinjahre? Sind diese Weinjahre etwas anderes als Jahre des *Vervielfachens*? Und was ist der Sinn der letzten Reife? Daß man das Gut seines Lebens nach Wert und Würde *verteile* und nur die Weisheit für sich behalte.
An diesem Meilenstein seiner Erkenntnis setzte sich Ali Baba eines Tages, als seine drei Söhne fern auf Karawane waren, nieder, zählte seine Tage, zählte seine Kamele, zählte seine Söhne und rief dann seine geliebte Tochter Fatme zu sich.
»Fatme, Auge meiner Seele«, sagte er, »ich habe 70 Jahre, 39 Kamele, 3 Söhne und dich.«
»Ich weiß es, Vater.«
»Von allen habe ich dich am liebsten, darum möchte ich dir – nichts schenken.«
Fatme verstand ihn und hing an seinem Halse. Das war für Ali die köstlichste Minute seiner Reife. Er genoß sie mit geschlossenen Augen, hielt stumme, selige Zwiesprache mit Allah und war dann bereit für das Irdische.
»Höre denn nun, du Stern meines Lebens, die Teilung meiner 39 Kamele:

Ali, der mir am meisten gleicht und meinen Namen trägt, soll haben die *Hälfte* von ihnen; Hussein, der wild ist, aber nicht schlecht, bekommt ein *Viertel;* Muhammed, der verschlossene, dessen Herz noch mit der Finsternis ringt, erhalte ein *Achtel;* und du, Fatme, solange du noch im Hause deiner Brüder bist, nimm ein *Zehntel* von ihnen, damit du nicht von ihrer Gnade abhängst.
Behalte es wohl: Ali die Hälfte, Hussein ein Viertel, Muhammed ein Achtel und du ein Zehntel.

Nun geh, meine Tochter, Allah segne dich für das Glück meiner Tage, und du hole mich von dieser Stelle, wenn die Schatten der Palmen über unsere Hütte fallen.«
Er küßte sie auf die Augen und sah ihr lange und mit der ganzen Heiterkeit seiner Seele nach, wie sie als das edelste Vermächtnis seines Lebens dahinschritt und im Hause verschwand.

Ali Baba aber blieb an diesem letzten Stein seiner Erkenntnis sitzen und ließ die Schatten der Palmen langsam um sich drehen und wachsen. Er dankte Allah für die Zahl 40 seines Lebens, mit der er es bei den Räubern begonnen und die er beinahe am Ende mit seinen Kamelen wieder erreicht hatte. Er fühlte deutlich, wie der Ring sich nun schließen wollte und nur noch ein Glied, das letzte, fehlte. Um dies bat er denn noch mit dem letzten Wunsch seines Lebens.
Als Fatme Stunden später ihn zu holen kam, fand sie ihn eingeschlafen im Schoße Allahs.

Die Brüder kehrten zurück, begruben den Vater und redeten dann nach dem Stand ihrer Jahre vom Abziehen und Zusammenzählen.
Fatme sprach: »Es braucht kein Streit zu sein um das Erbe, denn der Vater hat mir sein Vermächtnis gesagt: Du, Ali, sollst bekommen die Hälfte der Kamele; du, Hussein, ein Viertel; du, Muhammed, ein Achtel; ich aber, solange ich unter eurem Dache lebe, soll ein Zehntel erhalten.«
Da waren es die Brüder an dem Tag zufrieden und gingen zu ihren Kamelen in den Stall. In der Nacht aber überschlug jeder seinen Anteil, und am Morgen kamen sie mit erregten Gesichtern:
»Schwester, das kann das Vermächtnis unseres Vaters nicht sein, wie kann man von 39 Kamelen die Hälfte nehmen?« fragte Ali. »Oder ein Viertel, oder ein Achtel«, warfen Hussein und Muhammed mit bebender Stimme ein. Und auch Fatme bedachte erst jetzt, daß ein Zehntel von 39 Kamelen unmöglich sei, und erinnerte sich noch einmal genau an die Worte des Vaters. »Aber der Vater hat es so gesagt«, entgegnete sie still und ging hinaus.
»Lebende Kamele aber kann kein Mensch so teilen, also schlachten wir sie«, begann Hussein erregt, als sie unter sich waren.
»Nein«, wehrten die beiden anderen, »das kann der Vater nicht gewollt haben, 39 Kamele schlachten!«
»Dann verkaufen wir sie und teilen uns den Erlös«, brachte Muhammed nach einer Weile vor.

»Und womit wollt ihr dann verdienen?« bedachte Ali der Älteste.

Das sahen sie ein, und sie trennten sich wortlos, während das Mißtrauen um ihre Seelen zu spinnen begann und der Haß auf den Vater, der ein solch unsinniges Vermächtnis hinterlassen hatte. Nur Fatme ging still umher und erwog alle Möglichkeiten. Aber sie kam zu keinem Ende, denn 39 war nicht zu zerlegen in die Hälften, nicht in Viertel, nicht in Achtel und nicht in Zehntel, wenn kein Kamel sein Leben dabei lassen sollte.

Nach Tagen, in denen Argwohn und Verdacht zwischen ihnen üppig ins Kraut geschossen waren, sah Fatme einen letzten Weg und rief die Brüder in die Stube:

»Ich habe darüber nachgedacht, Brüder, auch ich kann das Vermächtnis des Vaters nicht lösen. Deshalb soll Ibn Musa der Weise, der Freund des Vaters, entscheiden, auf daß wieder Friede unter uns sei. Er hat nur *ein* Kamel, weil er sein Leben hinbringt mit Weisheit und Gedanken über Menschen und Dinge. Seinen Rat wollen wir hören und seinem Spruch gehorchen. Ich weiß keinen anderen Weg, Brüder.«

Da keiner von ihnen dem andern eine Entscheidung gegönnt hätte, waren es alle zufrieden.

Und so ritt denn eines Tages Ibn Musa auf seinem weißen Kamel in den Hof, stieg ab und band es an einen Baum. Die Brüder begrüßten ihn mit Ehrfurcht und Mißtrauen, nur Fatme hieß ihn herzlich willkommen.

Darauf begann Ibn Musa mit der Würde seines Bartes:

»Ich habe von dem Vermächtnis gehört. Ali Baba war mein Freund. Ich werde gerecht sein. Führt die 39 Kamele heraus und stellt sie neben das meine!«

So geschah es, und die 40 Kamele standen in einer Reihe vor ihm.

»Du sollst die Hälfte haben, Ali, nimm die 20!« Ali tat also und führte 20 Kamele zur Seite.

»Solltest du nicht ein Viertel haben, Hussein? Nimm dir 10!« Hussein tat also und führte 10 Kamele zur Seite.

»Du aber bekommst ein Achtel, Muhammed, also 5« und Muhammed führte 5 Kamele zur Seite.

»Nun bleibt noch ein Zehntel für dich, Fatme, das sind 4, führe sie weg!«
Fatme tat also – und, o Wunder, alle 39 Kamele waren verteilt, genau nach dem Vermächtnis Ali Babas: Ali hatte 20, Hussein 10, Muhammed 5, Fatme 4, zusammen 39 Kamele! Am Baum stand nur noch das weiße, das aber gehörte Ibn Musa. Er band es los, hieß es knien, bestieg es, hieß es aufstehen, wandte es den Kindern Ali Babas zu und sprach zu ihnen aus der Höhe:
»Nun sei der Friede Allahs wieder mit euch!«
Fatme als erste fand ein Wort:
»Verzeihe den Kleinmut deiner Mitmenschen, aber wir sind nicht gesegnet mit der Weisheit deines Hauptes.«
Ibn Musa lächelte von seinem Kamel herunter und sprach:
»Die Wunder sind bei Allah und seinem Propheten.«
Dann ritt er hinaus und es kam, wie er gesagt hatte: der Friede Allahs wohnte wieder unter ihnen.
Als die schöne Fatme bald darauf das Weib des schönen Mansur wurde, schenkte sie von ihren 4 Kamelen drei ihren Brüdern und nahm nur eines mit sich als Erinnerung an ihren Vater. Dieses eine aber schenkte sie ihrem ersten Sohn, den sie ebenfalls Ali Baba nannte, damit seine Geschichte nicht untergehe.
Lösung Seite 78

Ringsum 11

Eine lustige Diebesgeschichte

Man ist im allgemeinen der löblichen Ansicht, daß die Mathematik eine strenge und deshalb sehr *ehrliche* Wissenschaft sei, und daß wie die Sterne auch die *Zahlen* nicht lügen. Aber alles im Leben hat seine dunkle Stelle, und es gibt eine Geschichte von einem, der zum gerissenen Dieb wurde, weil ihn die Zahlen geradezu verführten.

Franz war Diener bei einem Herrn, der einen guten Weinkeller besaß, dem auch Franz mit inniger, ab und zu auch handgreiflicher Liebe zugetan war.

Eines Geburtstags erhielt der Herr von einem Freund 40 Flaschen alten Burgunders, ein so köstliches Geschenk, daß er es mit ganz besonderer Sorge vor rohen Händen und Kehlen bewahren wollte, aber auch vor der verständnisvollen Liebe seines Dieners. Mit *einem* Blick wollte er die Flaschen immer übersehen können, mit *einem* Blick ihre Anzahl feststellen.

Das ist bei 40 Flaschen nicht so leicht. Daher bat er einen Bekannten, der als besonderer Schlaukopf galt, um Rat, und der gefiel ihm denn auch über alle Maßen.

Also sagte er denn eines Tages im Keller zu Franz: »Mache die Kiste auf und reiche mir die Flaschen. Zuerst viermal eine.«

Franz tut das und sieht verwundert, wie sein Herr je eine in die 4 Ecken des Kellers stellt und dann dazwischen an jede Wand je 9, unten, rechts, oben, links, immer 9 in die Mitte. Und als er die letzte hingestellt hat, da ist auch die Kiste leer, und die 40 Flaschen Burgunder stehen an den vier Wänden des Kellers. Befriedigt blickt der Herr noch einmal auf sein Werk und sagt:

»Unten 11 – rechts 11,
oben 11 – links 11,
ringsum 11 –

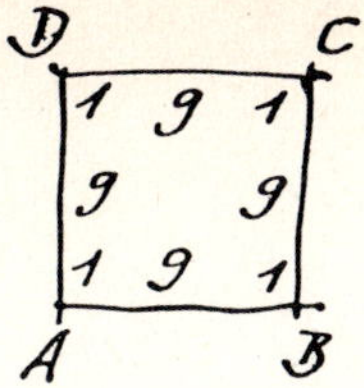

Alles in Ordnung, Franz!«, sieht ihn dabei eine Sekunde lächelnd an und steigt die Kellertreppe hinauf.
Zuerst hatte Franz an dem Verstand seines Herrn gezweifelt, aber dann sah er wohl ein, daß der Herr auf diese seltsame Weise, ohne die Flaschen herauszunehmen, *ohne* sie zählend anzutupfen, geradezu mit *einem* Blick jede gemauste Flasche entdecken konnte, mit dieser Hexenregel »Unten 11 – ... ringsum 11«. Und ehrlich betrübt stapft er seinem Herrn nach.
Jedes Geheimnis, von dem man nur weiß, daß es da ist, wirkt wie ein Stachel, der bei der geringsten Erinnerung dem Verstand ins Mark fährt. Wie oft strich Franz um den Keller herum, getrieben zu drei Vierteln von dem Stachel des Geheimnisses, zu einem Viertel von der Lust auf den alten Burgunder, der still an den vier Wänden stand! Aber die Hexenregel lag wie eine unsichtbare Spinne darüber, und an ihr unheimliches Netz zu rühren, wagte er nicht. Kam der Herr dann und wann zur Prüfung, das Auge auf den Flaschen und die Hexenregel auf den Lippen, so verließ er niemals den Keller, ohne mit einem freundlichen Lächeln zu sagen »Alles in Ordnung, Franz!«
Es ist begreiflich, daß Franz litt. Aber den Seinen gibt es Gott im Schlaf, und es gibt auch einen Gott der Diebe. Also schleicht sich Franz eines Morgens, als der Herr auf der Jagd ist, in den Keller, zunächst nur den bekannten dunklen Drang vom rechten Weg in der Brust, die Hexenregel zu überlisten. In diesem Drang geht er auf die 9 Flaschen in der Mitte der unteren Kellerwand (AB in der Zeichnung) zu, nimmt eine davon und stellt sie in die linke Ecke A, nimmt

noch eine und stellt sie in die rechte Ecke B. Also stehen an der Wand AB jetzt 2 – 7 – 2 Flaschen.

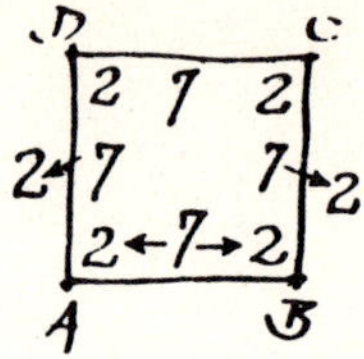

Dann geht er an die gegenüberliegende (obere) Seite CD und macht es genau so: 2 – 7 – 2. Hat er gestohlen? Nein. Die Hexenregel soll es bezeugen: Unten 11 – oben 11 –, aber rechts? 2 – 9 – 2, da sind zwei Flaschen *zuviel*! Fort mit ihnen, damit es 7 werden! Franz nimmt sie in den Arm. Jetzt stimmt es rechts: 2 – 7 – 2. Links muß er es dann genauso machen: 2 – 7 – 2, und Franz hat *vier* Flaschen Burgunder im Arm! Und die Hexenregel?

Unten 11 – rechts 11,
oben 11 – links 11 –

alles in Ordnung, Franz – und noch *vier* dazu im Arm!
Franz ist etwas betroffen von dem Segen des Diebesgottes, den er so reich gar nicht gewollt hat. Mit einem scheuen Blick, ob ihn die unsichtbare Spinne nicht doch noch zu guter Letzt anspringe, verläßt er die Stätte seines Sieges, dessen Grund er zwar nicht einsieht, an dessen Ertrag er sich aber trotzdem gütlich tut.
»Franz!« ruft der Herr eines Tages im Keller, und Franz steigt hinunter, während ihm das Herz hinaufsteigt in die Kehle. »Franz, hast du etwas an den Flaschen gemacht?«
»Ich habe sie – abgestaubt, Herr.«
»Du hast dabei die Folge verändert!« – Franz wird es weich um Herz und Knie –, »aber«, fährt der Herr fort, »es geht auch so: Unten 11 – rechts 11 – oben 11 – links 11 – ringsum 11 –: alles in Ordnung, Franz!«

Dem Franz bricht der Schweiß der Erleichterung aus und er sagt: »Danke.«
Ja, und dann verstreicht eine Zeit, und in dieser Zeit werden die Flaschen wieder staubig, und Franz spürt, daß sie staubig werden, und als gewissenhafter Franz denkt er ans Abstauben. So begibt er sich denn wieder in den Keller und beginnt wie das erstemal:
Von der unteren Mitte 7 nimmt er 2 Flaschen und verteilt sie auf die Ecken: 3 – 5 – 3; oben ebenso 3 – 5 – 3. Für unten und oben *stimmt* die Hexenregel wieder, aber nicht für die beiden Seiten: da muß er von *rechts* 2 in den Arm nehmen, und von *links* 2 in den Arm nehmen, so daß je 5 bleiben und die Hexenregel wieder überall stimmt: Unten 11 – rechts 11 – oben 11 – links 11 – ringsum 11! Und wieder sind *vier* Flaschen der Lohn für das Abstauben! Wunderbar und unheimlich zugleich, wie der unerschöpfliche Metkrug im Märchen, der nie leer wird, wie oft man auch daraus trinkt!

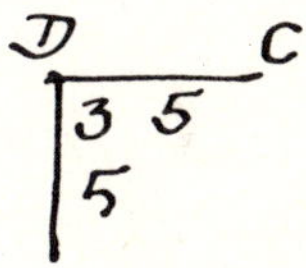

Aber 40 Flaschen Burgunder sind kein Krug Met, und heute ist keine blaue Märchenzeit, und Franz ist kein goldener Held darin, sondern nur ein Mensch, der jäh in seiner ganzen Menschlichkeit zusammenfährt, als ihn eines Tages aus dem Keller seines Herrn Stimme anfährt wie ein geworfener Stein: »Franz!«
»Ja jaah, Herr!«
»Hast du wieder abgestaubt?«
»Ja, Herr.«
»Du hast die Folge geändert?«
Soll Franz darauf nun lächeln oder trauern? O, sein Gesicht flimmert auf der Lauer nach der leisesten Regung des Herrn. Der aber zieht die Brauen hoch, sieht ihn eine Weile an, eine

schreckliche Weile, dann lächelt er plötzlich ein wenig väterlich, ein wenig fröhlich: »Es nützt nichts, Franz: Unten 11 – rechts 11 – oben 11 – links 11 – ringsum 11 ...«
»Alles in Ordnung!« atmet Franz ergänzend und sehr, sehr tief auf.
»Jawohl, alles in Ordnung, Franz«, lächelt der Herr noch einmal und geht.
Franz steht noch eine Weile, sucht sich, findet sich und geht dann auch.
Und weiter geht dann auch die Zeit, erst langsam und nachdrücklich, bis sie allmählich wieder in ihr altes Gleichmaß fällt. Da stellt sich denn auch der Staub wieder ein und setzt sich auf alles, was zuerst frisch und blank in der Luft steht; setzt sich auf die ausgestandene Angst in der Seele und auf die 40 Flaschen im Keller. Und wie es in der Welt ist, das eine *verliert* durch den Staub wie die Angst, und das andere *gewinnt* durch den Staub wie eine Flasche Burgunder; ein Drittes aber bleibt auch unter der dicksten Staubschicht immer das *gleiche,* lockend und wehrend, wie ein Geheimnis. Franz verfiel diesem Geheimnis mit Haut und Haaren, er zappelte der Spinne im Netz.
Doch auch ein Märchenmetkrug geht nur so lange zum Brunnen, bis er bricht, und eine Hexenregel hält nur bis zur nächsten Walpurgisnacht, wo die Hexe auf und davon reitet und jeden schuldiggewordenen Franz der Pein überläßt.
Nein, nein, das erleide, lieber Leser, selber! Erleide es an Streichhölzchen, wenn du keinen Burgunder hast; erleide es als Herr, der einer Hexenregel vertraut, und als Diener, der ihr verfiel, und frage dich, welcher von beiden du am Ende sein möchtest, dieser oder jener –: betrogen aus Leidenschaft oder betrogen aus Vertrauen!
Lösung Seite 82

Das nackte Recht

Wenn es unter den Menschen ans Teilen geht, so ist das immer eine Sache, bei der Gott weniger die Hand im Spiel hat als der Teufel. Auf jeden Anteil, ob gerecht oder ungerecht, legt er nur gar zu gern noch ein Päckchen voll Haß und Zwietracht.

Deshalb bestimmt niemand die Gerechtigkeit besser als die Zahlen, denn die haben kein Herz und lassen sich daher nicht von Leidenschaften betrügen. Also sollte man auch meinen, wenn man nur *richtig* teile, könne es keinen Unfrieden geben. Weit gefehlt, auch wenn man richtig teilt, ja gerade wenn man richtig teilt, können die ältesten Freunde zu Feinden werden. Gottlieb und Fridolin, die beiden Schäfer, waren alte Freunde. Ihre Herden weideten sie immer zusammen. Und doch stellte sich einmal die Zwietracht grinsend zwischen die beiden, und das geschah so:

Eines Abends, nachdem sie ihre Schafe in den Pferch getrieben hatten, saßen sie friedlich beieinander im Graben an der Landstraße, um gemeinsam ihr Abendbrot zu verzehren. Gottlieb öffnete seinen Vorratsbeutel und holte daraus 5 Käslein hervor, Fridolin hatte nur 3.

Just im gleichen Augenblick reitet ein vornehmer Herr die Landstraße daher, grüßt sie leutselig, und als er ihre Käslein sieht, hält er an und ruft hinüber:

»Das trifft sich gut! Habt ihr auch für mich etwas zu essen?«

»Mehr als diese 8 kleinen Käslein haben wir beide nicht«, gibt Gottlieb zurück, »wenn Ihr damit vorliebnehmen wollt, seid Ihr eingeladen.«

»Aber mit Freuden«, entgegnet der Herr, »laßt mich nur mithalten, es soll euer Schaden nicht sein.« Und er steigt vom Pferd, setzt sich zu ihnen und hält sein gerechtes Teil mit. Jeder von den Dreien bekommt gleich viel, wie sich's gehört. Als sie alles aufgegessen und noch eine Weile über das Hin und Her in der Welt geplaudert haben, erhebt sich der Herr und sagt: »Daß ihr eure 8 Käslein mit mir geteilt

habt, ist allen Dankes wert, ich gebe euch 8 Taler dafür, teilt sie redlich untereinander!« Und damit drückt er Gottlieb 8 Taler in die Hand, besteigt sein Pferd, winkt den beiden noch einmal zu und reitet davon.
Lange, sehr lange starren ihm Gottlieb und Fridolin nach, bis er hinter der Wegecke verschwunden ist.
»Ein vornehmer Herr«, meint dann Gottlieb, und Fridolin: »Vielleicht ein Graf.«
»Möglich, möglich, wer sonst kann für unsere Käslein 8 Taler geben.«
Und damit kommen sie zu ihren Talern und sind noch Freunde.
»Also dann«, beginnt Fridolin, »wollen wir sie teilen.«
»Ja«, sagt Gottlieb, »also dann wollen wir sie teilen«, und zählt dem Fridolin in die Hand: eins, zwei, drei Taler! Dann hört er auf und beginnt bedächtig seine eigenen fünf ins rote Taschentuch zu knoten.
Nach einer Weile schweren Nachdenkens meint Fridolin dagegen: »Höre, Gottlieb, das ist nicht richtig, du fünf und ich nur drei!«
Und immer noch sind sie Freunde.
»Wieso«, blickt Gottlieb auf, »wieso? Ich hatte 5 Käslein, du hattest 3, macht 8. 8 Taler dafür, macht für mich 5 Taler, für dich 3. Das stimmt.« Und Gottlieb wickelt ruhig weiter an seinen Talern.
Nach einer Weile Fridolin: »Das mag schon stimmen, Gottlieb, aber es ist nicht richtig. Der Herr hat uns das Geld zum redlichen Teilen geschenkt, und redliches Teilen, da meine ich, kriegt jeder *vier*. Du hast zwei Käslein mehr gestiftet als ich, gut, die will ich dir ehrlich von meinen 4 Talern bezahlen.«
Noch ist Freundschaft bei Fridolin, aber bei Gottlieb gerät sie ins Wanken und gerade deshalb, weil er einsieht, daß Fridolin nicht unrecht hat: Jeder bekommt vier Taler, und was er, Gottlieb, *mehr* zum Nachtmahl gestiftet hat, nämlich die zwei Käslein, die bezahlt ihm Fridolin. Ja, das wäre ein ehrliches Teilen nach der Freundschaft.
Aber hat nicht auch er recht? Und *sein* Recht verschafft ihm

einen Taler mehr, und weil sein Recht vorteilhafter ist, deshalb behauptet Gottlieb nun *sein* Recht und läßt das von Fridolin nicht gelten:
»Wenn der Herr für 8 Käslein 8 Taler gab, so macht das für 1 Käslein 1 Taler, also krieg ich für meine 5 Käslein 5 Taler und du 3 Taler. Das ist recht, und was *du* sagst, ist falsch.«
Fridolin hört die Antwort und hört auch darin die Stacheln, mit denen Gottlieb sie gespickt hat und ihre Freundschaft nicht verschont. Da läßt denn auch er die Freundschaft fahren und behauptet *sein* Recht.
So zerren sie hin und her bis tief in die Mitternacht hinein. Einig werden sie nur darüber, ihre Sache am nächsten Tag dem Richter vorzutragen. So weit also sind sie mit ihrer Teilung gekommen! Dann rollen sie sich fest in ihre Mäntel, so daß nicht ein Zipfelchen Menschlichkeit mehr herauslugt, und wenden sich auch noch im Schlaf ihre Kehrseite zu. Als der Mond an ihnen vorüberkommt, wiegt er bedenklich sein volles Haupt über soviel irdischen Unverstand einer so himmlischen Sache, wie es die Freundschaft ist.
Denn wirklich, diese bleibt zerbrochen auf der Wiese liegen, als die beiden am frühen Morgen, Fridolin ein paar Schritte hinter Gottlieb, die Landstraße nach der Stadt hintraben.
Ja, und dann stehen sie also vorm Richter und legen ihm die 8 Taler auf den Tisch, *er* solle entscheiden.
Der putzt seine Brille und fragt: »Seid ihr nicht immer Freunde gewesen?«, setzt die Brille auf und schaut von einem zum andern. Beide schweigen verdrossen und betrachten ihre Schuhe –: Von einer Freundschaft, nein, da wissen sie nichts. »Wenn ihr nicht nach der Freundschaft entscheiden könnt, *ich* kann nur nach dem Recht entscheiden, nach dem nackten Recht! Wollt ihr das?«
Ja, ja, nach dem nackten Recht! So soll es sein, das wollen sie beide, das nackte Recht.
Nun gut, sie müssen sich eine Weile hinsetzen, während der Richter Bleistift und Papier nimmt und Zahlen darauf schreibt und wieder Zahlen, um von ihnen das nackte Recht zu erfahren. Als diese es ihm sagen, schüttelt er mit dem Kopf, das kann doch nicht sein! Aber es ist nicht anders, was

die Zahlen sagen, ist das nackte Recht. Und so ruft er die beiden wieder an den Richtertisch.

»Hört, das Recht spricht so:

Du Gottlieb, hattest 5 Käslein, deshalb bekommst du – *sieben* Taler, und du Fridolin, hattest 3 Käslein, deshalb bekommst du *einen* Taler. Das ist das Recht!«

Da machen die beiden verdutzte Gesichter, und selbst dem Gottlieb, der doch noch 2 Taler mehr bekommt durch das nackte Recht, ist nicht ganz wohl ums Herz.

Es dauert eine ganze Weile, bis Fridolin geschlagen einzuwenden wagt: »Aber, Herr Richter, das kann doch das Recht nicht sein? Ich hatte doch *drei* Käslein ...« Und alle Leute, die es mit anhören, nicken mit dem Kopf und sind mit Fridolin.

Da sagt der Richter: »Ja, Fridolin, weil du *drei* Käslein hattest, bekommst du nur *einen* Taler. Auch ich wollte es zuerst nicht glauben, aber die Zahlen sprechen das nackte Recht, und das wolltet ihr ja beide haben. Schau her:

5 und 3 Käslein hattet ihr, macht 8 Käslein.

Zu dritt wart ihr, und jeder bekam gleich viel.

Schneid jedes Käslein in drei Teile, so hat aus 5 Käslein der Gottlieb 15 Teile und aus 3 Käslein hast du 9 Teile, macht 24 Teile.

Kriegt also der Gottlieb und du und der Herr jeder 8 Teile.

Was ißt du selbst von deinen 9? Acht.

Wieviel gibst du also dem Herrn? 9 weniger 8, und das ist *eins*.

Was ißt der Gottlieb von seinen 15? Auch acht.

Wieviel gibt er dem Herrn? 15 weniger 8, und das sind *sieben*. Du, Fridolin, gibst dem Herrn 1 Teil, der Gottlieb 7, also kriegst du von den 8 Talern des Herrn auch nur *einen* und der Gottlieb *sieben!*

Ist das nicht gerecht? Kannst du etwas dagegen sagen?«

Nein, Fridolin kann nichts mehr sagen und geht mit seinem Taler hinaus. Dann streicht Gottlieb wortlos seine 7 Taler ein und geht hinter ihm drein.

Und obwohl nach Recht und Zahl geteilt war, wäre ihre Freundschaft aus und hin gewesen, wenn nicht Gottlieb über Recht und Gerechtigkeit hinaus sein altes Herz wieder gefunden hätte.

Er steigt hinter Fridolin drein und am Gasthaus zum Goldenen Lamm zupft er ihn leise am Ärmel: »Ich kann nichts dafür, Fridolin, da hast du 3 Taler, wir wollen nach der Freundschaft teilen.«

Und dann gingen sie hinein ins Goldene Lamm, jeder stiftete einen Taler, und damit legten sie so feste Reifen um ihre Freundschaft, daß auch das gerechteste Recht sie nicht mehr zerbrechen konnte.

Die Henkersleiter

In jenen Zeiten, als man noch an einem Nachmittag durch fünf deutsche Fürstentümer wandern konnte, tippelten Krips und Klau vergnüglich durch die Lande. Sie säten nicht, sie ernteten nicht, und unser Herr ernährte sie doch. Da man aber, wie der Katechismus lehrt, keiner himmlischen Gnade teilhaftig wird, wenn man ihr nicht irdisch nachhilft, so taten das Krips und Klau eifrig und ließen sich von Gott in diesem Punkte nicht beschämen. Kein Wunder, daß sie in bezug auf die Farben ein und desselben Grenzpfahls etwas empfindlich waren und sie je nach den Umständen bald rasch, bald sogar im Laufschritt wechselten.
Krips, etwas zierlicher als Klau, war behender im Aushekken, Klau dafür sicherer im Zupacken. Was Krips im Kopf hatte, hatte Klau nachher meistens in der Hand. So waren sie für die Gelegenheiten, von denen sie sich ernährten, geradezu von der Natur füreinander bestimmt.
Seinen hellen Kopf hielt Krips für ein Zeichen besserer Herkunft. Krips und sein Vater hatten sich nie kennengelernt, warum sollte dieser da nicht ein hoher Herr, ein Graf oder gar ein Fürst, gewesen sein. Bei den vielen Ländchen und Grenzen waren solche Verwechslungen nur zu leicht möglich, und was man nicht mit Nein beweisen kann, kann man sehr wohl mit Ja glauben. Das tat denn Krips und kletterte von Zeit zu Zeit an diesem Glauben zwar nicht viel, aber doch so weit hinauf, daß er den anderen Sterblichen auf die Hutkrempe sehen konnte. Seinen Tippelfreund Klau rechnete er in solchen Augenblicken auch zu den Sterblichen:
»Klau, du bist ein Schlächter gegen mich, vergiß das nicht, ich jedenfalls bin ein morganatischer Findling.«
Klau, der nicht genau wußte, was morganatisch war, hielt sich an das ihm bekanntere Wort »Schlächter«, antwortete gutmütig und besorgt: »Ich will sehen, was sich tun läßt, Krips«, und hielt Ausschau nach etwas, was im Leben roh und im Tode knusprig ist.
Das war auch heute schon geschehen, fünf Stunden, bevor

sie mit leeren Bäuchen die Grenze des Fürstentums Schnattershausen überschritten, das Land, in dem Kunibert der Feiste entsprechend seiner Weisheit und körperlichen Fülle regierte. Der Wohlstand beider, Kuniberts und des Landes, beruhte kurz gesagt auf der Gans. Seit Urzeiten schon, als noch die Schnattershäuser Germanen barfuß gingen, lagen sie schon auf der Wiese und hüteten Gänse. Die Männer aßen sie und die Frauen machten Kissen daraus.
Dieser fromme Brauch hatte sich bis in Kuniberts Zeiten fortgeerbt, und was das Gänseessen betrifft, so war diese Erbanlage in Kunibert geradezu auf die Spitze getrieben: Er liebte die Gänse seines Landes so sehr und in solchen Mengen, daß er an den zwei Landstraßen, die sein Land Schnattershausen von West nach Ost und von Süd nach Nord durchquerten, Warntafeln aufstellen ließ, des kurzen, aber unangenehmen Inhalts:
Wer sich in Schnattershausen an einer Gans vergreift, wird gehenkt!
Just vor der südlichen dieser Tafeln standen eben Krips und Klau und sammelten sorgfältig und mit Bedacht die Buchstaben des Kunibertschen Erlasses. Sie kamen nur langsam voran und nur bis zu dem selig-unseligen Wort »Gans«, da fingen Kripsens morganatische Kiefer an zu schnattern und bei Klaus schlug das Wort wahre Sturzbäche aus den Speicheldrüsen wie weiland Moses' Stab aus den Wüstenfelsen. Sie sahen sich mit einem langen Blick an, fühlten sich ein Herz und ein Magen und trabten mit wuschelnden Augen und lockeren Fäusten gen Dorf Schnattershausen. Den Galgenhügel, an dem sie vorüber mußten, sahen sie nicht, dafür aber eine abgeirrte Gans im Weidengebüsch am Schnattersbach.
Krips näherte sich ihr mit der zutraulichen Erklärung, daß der Mensch edel, hilfreich und gut sei, wogegen sie sich in reinem Gänseunverstand mit Händen und Füßen wehrte, aber dadurch Klau mitten in die Arme lief, der ihr, um ihr des Menschen Güte handgreiflich zu beweisen, den Weg und die Luft abstellte. Erst jetzt glaubte sie es, aber sie starb dabei.

»Wenig Menschen sind im Tod noch so nützlich wie eine Gans«, meinte Krips eine Stunde später, als er an einem knusperigen Gänseschenkel lutschte, »noch weniger duften danach so angenehm zum Himmel. Oder glaubst du nicht?«
»Ich esse«, muffelte Klau, was heißen sollte, daß er während dieser Zeit jede geistige Tätigkeit eingestellt habe.
Also aßen sie an der Gans wortlos weiter, bis ... ja, bis plötzlich eine furchtbare Stimme aus dem Weidengebüsch ertönte: sie seien verhaftet, weil sie sich an einer Schnattershausener Gans usw., genau wie es auf dem Schild stand.
Krips und Klau wollten sich wie die verspiesene Gans mit Händen und mehr noch mit den Füßen wehren, liefen aber, o rächendes Geschick, ebenfalls wie diese einer zweiten schwerbewaffneten Schnattershausener Obrigkeit in den Arm des Gesetzes. Eine halbe Stunde später saßen sie in einem dunklen Loch, wo ihnen die vermaledeite Gans von Zeit zu Zeit wohl oder übel – Krips und Klau waren sich darüber nicht ganz im klaren – aufstieß. Jedenfalls wollte sich Krips an dem gleichen Abend noch nicht den edlen Nachgeschmack mit Wasser und Brot verderben lassen.
Die Zeit kümmert sich reichlich wenig um die Menschen, sie rollt einen Tag nach dem andern über die Erde und fragt niemand, ob ihn das bedrückt oder beglückt. So rollte sie denn eines Tages auch den 19. März in das Land Schnattershausen, an welchem Tag Krips und Klau schon auf Erden die ersten Sprossen der Himmelsleiter hinaufsteigen sollten.
Ganz Schnattershausen war auf den Beinen, als die beiden Freunde durch die Gassen hinausgeführt wurden auf den Galgenhügel, an jenem verhängnisvollen Weidengebüsch vorbei. Was nicht laufen konnte, lag an den Fenstern, denn es ist nun einmal so, weil jedermann den Sprung ins Ungewisse machen muß, so begleitet er mit innigster, urhafter Teilnahme denjenigen, der ihn vor Ablauf einer Stunde hinter sich hat. Man kann es auch so sagen, daß vor Gott zuletzt doch alle Menschen zusammenhalten.
Solchem Gegrübel aber gab sich Krips nicht hin, er spürte

wieder sein morganatisches Blut, und das befahl ihm, wie ein Held zu sterben. Der Anlaß drückte ihn nicht, wieviel Leute und was für welche sind in der Weltgeschichte nicht schon um eine Gans gestorben? Ihnen, das sprach die Stimme seines Blutes zu ihm, sich würdig anreihen! Seine stolze Haltung weckte in der Tat das Mitgefühl der ganzen Schnattershausener Weiblichkeit in besonders feuchtem Maße, und manche murmelte hinter ihrem Schneuztuch, daß Krips, dieser stolze Krips, ihr gern ein paar Gänse ins Jenseits befördern dürfte, wenn sie ihn dafür nur eigenhändig aufhängen dürfte, nämlich am starken Balken einer gesunden Ehe.

Klau dagegen trug schwer. Er konnte nicht so glatt denken wie Krips, ihm kam auch nicht nur *ein* Gedanke, der ihn beherrschte, sondern unaufhaltsam schwammen immer neue in einem Strom vorbei, und er wußte nicht, an welchem er seinen Kahn festmachen sollte, um geborgen hinter ihm den dunklen Fluß hinunterzufahren. Hilflos stand er am Ufer, d.h. er ging traurig und schwer den Galgenberg hinauf.

Es war ein kräftiger, zweischläfriger Galgen, der einem auch den letzten Funken Hoffnung auf einen menschenfreundlichen Eingriff des Schicksals ausblies: er stand da, als habe er nie anders gekonnt und werde auch in Zukunft nicht anders können. Vor ihm im Sand lag die siebensprossige Henkersleiter, und Klau ermaß, daß sie leider nicht so lang wäre wie die des Erzvaters Abraham, auf der freundliche Engel auf- und niedersteigen konnten, ohne daß ihnen dabei die Luft ausging. Auch diese fehlten, denn das einzige, was hier auf einen Jenseitsboten Anspruch machte, war ein Enkel Luzifers des Gefallenen, mit roten Strümpfen und Händen. Auch Krips mußte sich jetzt schon fest an sein morganatisches Blut klammern, um aufrechtzubleiben, denn mag auch der Tod für den Geist leicht zu ertragen sein, das Fleisch stirbt schwer, und sicherlich findet man sich schneller damit ab, ein Engel im Himmel zu sein als auf Erden eine Leiche.

Just in diesem Augenblicke, wo aller Herzen auf dem

Weg nach unten waren, kommt ein Bote von Kunibert dem Feisten mit hängender Zunge gelaufen und ruft: »Halt!«

Bewegung, die Herzen halten auf ihrer Wanderung inne, man macht Platz, und der Bote tritt in die Mitte: Halt! Weil der allergnädigste Landesherr sich nach Verspeisung einer besonders wohlschmeckenden Gans gnädigst erinnert habe, daß er ja heute am 19. März Geburtstag habe, wolle er *einem* Delinquenten allergnädigst das Leben schenken, und sie sollten darum knobeln!

Das war gewiß ein fürstliches Wort und es löste auch die untertänigste Rührung aus, trieb aber ebenso die Spannung noch höher: *Eine* Lebenskerze war wieder angezündet, aber für wen? Da Luzifers Enkel nicht aufs Knobeln gefaßt war, suchte er vergebens in seinen roten Hosentaschen nach drei Würfeln. »Wer hat drei Knöchel?«

Jeder sucht, und Klau findet auch etwas Dreifaches in seiner Tasche, drei Kreuzer, pfotelt sie heraus und wirft sie gedankenlos vor sich hin in den Sand, so daß sie zwischen die Sprossen der Henkersleiter fallen.

»Knöchel«, schreit ihn Luzifers Enkel an, aber Klau hört ihn nicht, dafür kratzt und krempelt jeder, die Weiber nicht ausgeschlossen, von neuem in den unbekanntesten Ritzen und Nähten seiner Gewandung nach Knöcheln, als hinge das eigene Leben davon ab:

Niemand hat Knöchel bei sich!

Eine Stille entsteht, und in dieser erleuchtet Luzifer seinen Enkel: Er lenkt ihm den Blick auf die drei Kreuzer in der Henkersleiter und erinnert ihn an sein Amt! Ha, flackert es da plötzlich in den Augen des Enkels auf und grinst in den Mundwinkeln:

»Dann sollen die drei *Kreuzer* die Henkersleiter hinaufsteigen, und wer von den beiden Missetätern den *letzten* Kreuzer über die Galgensprosse schiebt, der ist frei!«

Krips und Klau haben es nicht gleich verstanden, man erklärt es ihnen noch einmal:

Wer am Zug ist, *muß* ziehen und darf es mit einem beliebigen Kreuzer tun, über beliebig viele Sprossen hinweg in ein

Leiterfeld, auch wenn es schon besetzt ist, aber immer nur die Leiter *hinauf,* nach der Galgensprosse hin.
Endlich haben sie es begriffen, die Menge umringt sie und das Spiel beginnt:

Klau zieht von	3 nach 2,	Krips von 6 nach 3
	4 nach 3,	2 nach 0
	3 nach 1,	3 nach 2
	2 nach 1,	1 nach 0

1 nach 0, den *letzten* Kreuzer über die Galgensprosse: *Klau ist frei!*

Die Menge beglückwünscht ihn, aber er begreift es noch gar nicht. Er begreift nur, daß Krips nun alleine hängen soll, und das ist unmöglich für ihn. Hilflos blickt er umher, schon stellt der Luziferenkel die Leiter an, da entdeckt er den Kunibertschen Boten, geht auf ihn zu, nimmt ihn zur Seite und redet auf ihn ein. Man kann nichts verstehen, als nur einmal »morganatisches Blut« und »fürstlicher Vater«.

Der Bote sieht hinauf nach Krips, sieht seine wahrhaft fürstliche Haltung, findet Klaus Worte glaubwürdig und gebietet: Halt! Hier müsse er erst seinem Landesherrn Bericht erstatten. Und jagt hin zu Kunibert, der sich bedenklich das morganatische Blut anhört, sich am Kopf kratzt, in seinen Erinnerungen kramt und schließlich erklärt, es wäre immerhin denkbar, und man solle den Krips dann auch freilassen.

Als die Schnattershausener und Krips das erfahren, herrscht eitel Freude, auch wenn jene um ein erquickliches Schauspiel gekommen sind. Die kleine Menschenseele ist nun einmal wie das große Meer. Dreht der Wind hinüber und bläst plötzlich aus dem Freudenloch, dann ist es auch damit zufrieden und läuft mit seinen Wellen überschäumend vor ihm her.

Daher wurden Krips und Klau nun im Freudenzug nach Schnattershausen zurückgebracht, und es dauerte nicht lange, da wurden beide in die Schnattershausener Gemeinde aufgenommen, beweibten sich und zogen von nun an ehrliche Gänse auf, für ihr und des allergnädigsten Landesherrn

Wohlergehen. Das Spiel aber von der Henkersleiter mit den drei Kreuzern spielen die Schnattershausener heute noch, zwar nicht um eine so gefährliche Sache wie das Leben, sondern um ein Viertelchen Schnaps oder eine fette Bratwurst.

Lösung Seite 83

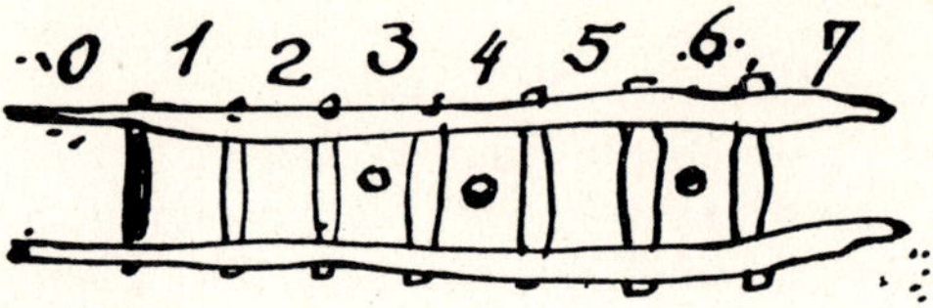

Achills Wettlauf

Was man nicht im Kopf hat, hat man in den Beinen. »Und umgekehrt«, sagt Swinegel, »was man nicht in den Beinen hat, hat man im Kopf«, und erzählt darauf immer die schöne Geschichte, wie er eines Sonntags den vornehmen Hasen in der Buxtehuder Heide zu Tod gelaufen hat.
Dabei weiß er nichts von dem ähnlichen Wettlauf seiner weitläufigen südlichen Verwandten, der allerdings viele, viele Jahre vor Swinegels Zeiten im sonnigen Land der Griechen stattgefunden hat und den die gescheitesten Leute, die es überhaupt gibt, die Mathematiker, in Büchern aufgeschrieben haben. Swinegel aber ernährt sich lieber von nordischen Engerlingen als von südlicher Mathematik, und Bücher liest er schon gar nicht. Täte er das aber, so fände er dort folgende Geschichte:
In Griechenland gab es sieben Weise, und Zenon war nicht der achte. Darum wohnte er außerhalb Athens, um sich ganz der Pflege seines Ehrgeizes hinzugeben. Menschen wie Zenon füttern in der Regel ein Steckenpferd, um wenigstens mit ihm einmal einen erträumten Sieg in der Welt zu erreiten. Zenon nannte seines »Chelone«. Chelone war klug, sie trug ihr Brett nicht vorm Kopf, sondern auf dem Rücken, denn sie war eine Schildkröte. Wenn sie ihren uralten weisheitsfaltigen Hals vorstreckte, mit ihren beliderten Augen in die Sonne blinzelte und dabei eine stumme Weisheit zwischen den Kiefern mahlte, nannte Zenon sie gerührt »Lonchen, Freundin der Weisheit«.

In Athen lebte zu gleicher Zeit Achill, der Liebling der Götter und Athenerinnen. Er war der schönste und tapferste Jüngling Griechenlands, dessen Taten bereits für die Ewigkeit von einem Dichter namens Homer aufgezeichnet waren. Obwohl er somit alles besaß, was sich ein armes Menschenherz auf dieser Erde immer wieder ersehnt, Schönheit, Frauen und Ruhm, nährte auch er eine Schildkröte am Busen oder, treffender gesagt, litt er an einer heimlichen Ferse.

Deshalb beschloß er, sein dreifaches Glück auf die Probe zu stellen. Er ging zu dem Stadtoberhaupt Athens, seinem Freund Perikles, und sagte, er wolle alle Welt zu einem Wettlauf herausfordern.

»Wer wird mit dir, dem Weltmeister, laufen?« meinte Perikles, »überdies wozu? Hast du nicht alles, was du begehrst?«

Als Achill schwieg, warf ihm Aspasia, des Perikles schöne Freundin, einen glühenden Blick zu. Aber wie alle starken Männer, verstand er diesen Blick falsch und ließ ihn nicht dahin stechen, wohin er zielte, in sein Herz, sondern an jene Stelle, wo er sterblich war, in seine heimliche Ferse. Unter Schmerzen sagte er: »Ich will aber doch.«

»Dann natürlich, lieber Freund Achill –«, sagte Perikles und klopfte ihm auf die Schulter.

Einen Tag darauf las Zenon, als er seinen üblichen Bummel auf das Forum machte, an den Säulen des Poseidontempels die rote Ausschreibung des Wettkampfs, die Aufforderung an alle Läufer und daß Aspasia dem Sieger den Lorbeer reichen werde. Zenon fühlte einen Augenblick die »Gelegenheit« durch das Blut seines Ehrgeizes zucken, aber dann blickte er an sich hinunter, sah seine Füße nicht, schüttelte traurig das Haupt und schlich nach Hause.

»Warum bist du traurig?« fragte ihn seine Schildkröte.

Zenon erzählte.

»Willst du nicht laufen?«

»Ich – bin in einen Dorn getreten.«

»Dann laufe *ich*!« erklärte Chelone bestimmt.

»Aber, Lonchen«, fuhr es Zenon heraus, »mit deinen Beinen!«

»Mit meinen – bitte, was?« und Chelone streckte ihren weisheitshäutigen Hals vor und mahlte geheimnisdräuend mit leeren Kiefern.

»Verzeihe, Lonchen, Freundin der Weisheit, ich meine, wenn du meinst, melde ich dich.«

»Ich meine«, sagte Chelone ungnädig und verschwand mit ihrem Hals unter dem Dach ihres Buckels.

So nahte der Tag des Wettlaufs zwischen Achill und Chelone, der Schildkröte des Zenon.
Alles, was Namen und keinen hatte, füllte das Stadion bis in die letzten Ränge hinauf. Und wenn auch nicht Ibykus, der Götterfreund, von Korinthus Landesenge zu Wagen kam, weil er seinerzeit dabei ermordet worden war, so rollte doch Diogenes sein nicht weniger berühmtes Wohnfaß vor die Tore Athens, um sozusagen mit Leib und Seele dabei zu sein.
Eine halbe Stunde vor Beginn betritt Achill die Bahn, frisch geknetet und geölt, herrlich wie Apoll und deshalb begrüßt von der tobenden Begeisterung aller Schönen und derer, die sich dafür halten.
Achill dankt lächelnd und schreitet vor Aspasias Sessel, um ihr zu huldigen, was Perikles tapfer und vor soviel Menschen sogar mit freundlicher Miene aushält. Aller Augen blicken auf das herrliche Dreigestirn Athens, und so kommt es, daß Zenon, von niemand beachtet, das Rund betritt, Chelone, die Schildkröte, aus seinem Chiton wickelt und auf den Sand setzt.
Man benachrichtigt Achill, und dann werden die beiden gemessen und gewogen von wichtigen Leuten mit Hornbrillen, wobei Chelone etwas zu leicht befunden wird. Nach unergründlichen Formeln, die für immer das Geheimnis jener bebrillten Leute bleiben, wird eine 10mal größere Geschwindigkeit des Achills herausgerechnet und aus dem Unterschied der Beinlängen für Chelone ein Vorsprung von 200 Metern. Das Ergebnis wird der harrenden Menge verkündet, die es zwar nicht versteht, aber in fachmännischen Beifall ausbricht. Dann wird die Bahn abgesteckt, unter allgemeiner Spannung begeben sich die Renner an den Start, worauf Perikles von seiner Loge aus mit einem Schuß das Zeichen zum Ablauf gibt.
Beide beginnen zu laufen, Achill von A_0, die Schildkröte 200 Meter davor von S_1 aus. Alles blickt gespannt auf die

Stelle A_1, kurz hinter der Achill ja seinen Gegner einholen *muß*. Als Achill aber das Mal A_1 überläuft, ist Chelone gerade in S_2: der Abstand hat sich merklich verringert, so daß nun hinter A_2 die Begegnung stattfinden muß. Kaum aber

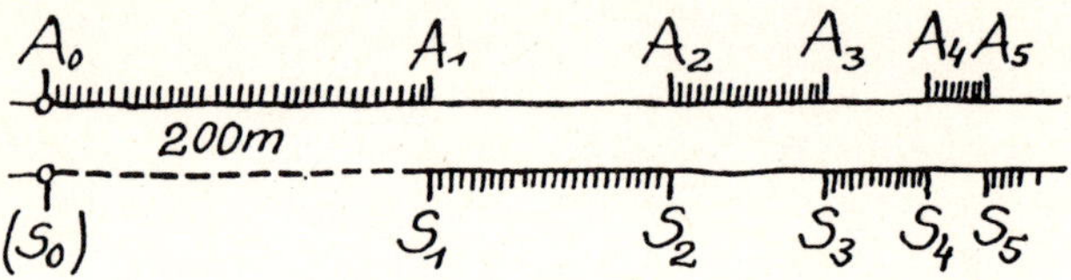

ist Achill in A_2, da hat Chelone schon wieder den, wenn auch kleinen, Vorsprung S_2S_3, also muß hinter A_3 die Entscheidung fallen. Die Ränge werden allmählich unruhig, aber trotzdem ist Chelone in S_4 immer noch vor Achill in A_3!

Die Enttäuschung steigt, einige wagen Achill anzufeuern, der Vorsprung wird auch kleiner, als Achill in A_4 ist, beträgt er nur noch die Strecke A_4A_5 oder, was dasselbe ist, S_4S_5: aber *eingeholt* hat Achill seine Gegnerin noch *nicht*!

Die Ränge ahnen Furchtbares, sie beginnen zu toben: Achill verringert wohl den Abstand, *aber er holt Chelone nicht ein! Immer wenn Achill den letzten Standort, z.B. S_{100}, der Schildkröte erreicht, ist diese um ein Stück, $S_{100}S_{101}$, voraus, das sie während der Zeit zurücklegt, in der Achill von A_{99} nach A_{100} läuft.*

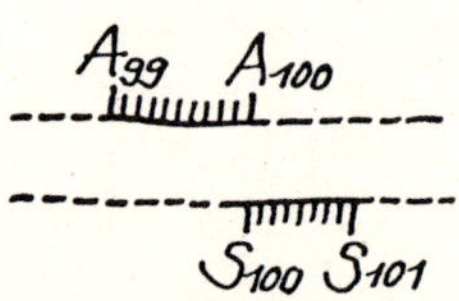

Die Ahnung wird zur Gewißheit, die Ränge springen auf, johlen vor Zorn und Enttäuschung auf ihren Favoriten ein: Achill, das Letzte aus sich herausholend, verzerrt sein edles Antlitz ins Gorgonische – Achill keucht aus jagenden Lungen – Achill ermattet plötzlich, wankt und stürzt besinnungslos in den Sand!

Ein einziger Schrei zerreißt die Luft über den Rängen, so gellend, daß Chelone einen raschen Blick zurückwirft und ihren Gegner erledigt sieht. Da stellt auch sie ihren Siegeslauf ein, setzt sich in den Sand und blinzelt harrend den kommenden Dingen entgegen.
Die Hornbrillen sind auf Achill zugeeilt, heben ihn auf und tragen ihn auf Anraten des anwesenden Sportarztes Hippokrates in den Schatten einer Zypresse. Dort reibt man ihn mit Sand, flößt ihm Samos ein und versucht gewissenhaft die gelernten 24 Griffe der »Ersten Hilfe bei Unglücksfällen«. Beim 15. schlägt Achill die Augen auf und murmelt kaum verständlich von totenblassen Lippen: »Die Ferse!«
»Die Ferse«, echoen die Hornbrillen wichtig, als hätten sie nun des Rätsels Lösung, ziehen ihm zu fünft die Sandale aus und halten Hippokrates den Fuß hin. Der kluge Arzt betupft, befühlt, bedrückt die Ferse, aber er kann nichts finden. Natürlich nicht, denn heimliche Fersen bluten nach innen und nicht nach außen. Daraufhin ordnet er die sorgfältige Überführung Achills in seine Wohnung an, während er selbst sich zu Perikles begibt, um ihm Bericht zu erstatten.
Aspasia, die schöne Aspasia, hört bleich und wortlos zu, durch den Zusammenbruch Achills ist sie tief erschüttert in ihrem ewigen Weh und Ach. Perikles oder Achill? Noch in ihrem Wagen schwankt sie zwischen beiden, aber ihre mannhafte Natur weiß schließlich das Mitleid zu überwinden und neigt sich auf die Seite des Kräftigeren.
Nach ihrem und des Perikles Weggang ist das Volk seines Kopfes beraubt und schwimmt einen Augenblick, fängt sich dann beim Verlassen der Ränge wieder an seinen gesunden Ansichten von der Welt, unter denen die allgemein als die gesündeste gilt, die Sache einstweilen auf sich beruhen zu lassen und das Orakel von Delphi zu befragen.
So wird es allmählich tot in den Rängen, dafür flackert unten im Rund noch einiges Leben, tintenblütiges Leben, als letzte kalte Flamme aus dem Aschenhaufen des wirkli-

chen. Dort haben die Berichterstatter wie immer über den ganzen Vorgang noch kein Urteil, sondern nur erst die Schlagzeile. Doch auch diese schwankt noch völlig haltlos zwischen

Kleiner Unfall Achills bei einem Wettlauf

und

Die Götter verlassen Griechenland

Daher überfallen jetzt diese Federhornissen, mit eingezogenem Stachel und Honig mummelnd, die berühmten Denker und Klugkopfeten Griechenlands um Urteil und Leitartikel.

»Was meinen Sie, Meister Heraklit?« fragen sie mit zuckendem Bleistift überm Block den allgemein anerkannten Mann in ihrer Mitte.

»Panta rhei, meine Herren, panta rhei, es fließt alles«, erklärt dieser geschmeichelt, und die Schreiber schreiben und mummeln honigsüß: »Ausgezeichnet, ganz ausgezeichnet –: Alles fließt!«

Und dann stürzen sie auf Sokrates, der mit einigen Freunden gerade das Stadion verlassen will, ob nicht auch er wolle.

Ja, er wolle wohl, aber er könne nicht.

Das sei doch undenkbar, bei ihm, dem Sokrates!

Aber was *er* von dem Wettlauf halte, seinem Sinn und seinen Folgen, darüber könne er doch sicher ein passendes Wort ... Ein passendes Wort, na ja, das könne er schließlich – die Bleistifte bibbern ...:

»Also dann: Erkenne dich selbst!«

»Ausgezeichnet – Erkenne dich selbst!« mummeln die Hornissen ohne Verstand, aber mit Honig vor sich hin, während Sokrates sie stehen läßt und sich zu Platon begibt, um dort bei einem anständigen Gastmahl ebenfalls der Selbsterkenntnis zu frönen als der edelsten Tätigkeit des Menschen.

Dann ist das Stadion ganz leer, abgesehen von ein paar Sklaven, die die Ränge auskehren. Vor diesen wagt sich Zenon

endlich hervor, geht auf die ganz vergessene Chelone zu, hebt sie auf, wickelt sie sorgfältig in die Falten seines Gewandes und verläßt die Stätte seiner Hoffnung.
»Lonchen!« Eine verwundete Seele weint in dem Seufzer. Chelone scheint zu schlafen.
Auf Hinterwegen windet sich Zenon seinem Tuskulum zu.
An einem sonnigen Rain trifft er auf Diogenes, der sein Faß bis hierher gerollt hat, behaglich dösend in dessen Öffnung sitzt und sich die Sonne auf seinen philosophischen Nabel scheinen läßt.
Zenon nähert sich ihm und bleibt dann vor ihm stehen. Diogenes fühlt seinen hochgeglühten Bauchgipfel erkalten, schlägt die Augen auf und winkt Zenon wortlos zur Seite. Zenon folgt und nimmt sich ein Herz:
»Ich habe gesiegt, Diogenes, warum aber haben mich dann die Götter geschlagen? Hast du eine Weisheit für mich?«
Diogenes, unberührt, läßt erst wieder seinen philosophischen Nabel eine Weile in der Wärme anlaufen, dann sagt er dunkel: »Mit einer heimlichen Ferse soll man niemand herausfordern, und mit einer Schildkröte soll man keine Rennen gewinnen.«
Zenon läßt den Satz langsam über die Zunge laufen, um ihn nach Weisheit abzuschmecken. Der erste Teil ist ihm völlig unverständlich, deshalb ist er von seinem Wert überzeugt und sagt leise dagegen:
»Ich wollte –«
»Wolle nicht, sei!« schließt Diogenes die Augen und das Gespräch und bietet seinen Bauchknopf wieder mit aller Hingabe der Sonne dar.
Da quillt in Zenon einen Pulsschlag lang ein fürchterlicher Plan auf: Chelone, die Schildkröte, aus seiner Seele zu reißen und sie für immer von sich zu schleudern. Mit bebenden Fingern wickelt er die Schlafende aus – da: da streckt ihm Chelone langsam den alten weisheitsfaltigen Hals entgegen, blickt ihn von unten an und sagt mit urdunkler Stimme nur: »Zenon!«
Da schämt Zenon sich bitterlich und beschließt, niemals

von seiner Schildkröte zu lassen, ob er nun siege mit ihr oder nicht.
In diesem Augenblick, das können aber nur die Götter sehen, stößt ein Feger im Stadion mit seinem Besen an einen Lorbeerzweig, der von Aspasias Sessel auf den Boden gefallen ist.
Er fegt ihn achtlos vom Marmor in den Kehricht.
Lösung Seite 88

Kartoffeln in Schilda

In Schilda, der berühmten Stadt, wohnen nicht nur Schildbürger, sondern auch Schildbauern, sieben Schildbauern. Weil aber die Bauern ebenfalls Bürger sind, haben auch die Schildbauern Anteil an der Weisheit und Erleuchtung der Schildbürger. Diese haben einst das Licht in Säcke gescheffelt und in das Rathaus geleert, weil sie darin die Fenster vergessen hatten. Dahinter wollten denn die Schildbauern nicht zurückstehen und leerten ihre 28 Zentnersäcke Kartoffeln, die sie auf ihrem gemeinsamen Feld gescheffelt hatten, in die ausgeräumte Schulstube, weil dort täglich die Schildaer Weisheit gepredigt wurde.

Diese Weisheit brauchten sie nämlich, um die 28 Zentner Kartoffeln unter sich sieben Schildbauern zu verteilen, ehrlich und gleich, so wie sie sich auch ehrlich und gleich in die Arbeit geteilt hatten: Der erste hatte den Ochsen geliehen, der zweite den Pflug, der dritte hatte geackert, der vierte die Kartoffeln zur Saat gegeben, der fünfte hatte sie geeggt, der sechste gehäufelt, und der siebte hatte nachgesehen, wann sie reif wurden.

Jeder also hatte das Seine getan, so daß ohne ihn die anderen die Kartoffeln nicht hätten ernten können. Wenn der erste nicht den Ochsen geliehen hätte, hätte der zweite nicht und der dritte nicht ...; und wenn der siebte nicht nachgesehen hätte, stäken die Kartoffeln heute noch im Boden. Da aber jeder seine Pflicht erfüllt hatte, zogen sie, als die Kartoffeln wirklich reif geworden waren, gemeinsam hinaus und buddelten sie aus dem Boden in die Säcke.

Auf diese redliche Weise sind sie also in die Schulstube gekommen, liegen nun sauber und erdfrisch da und warten aufs Teilen. Die sieben Schildbauern aber, die sich sehr angeregt zu dieser feierlichen Handlung aufgemacht haben, stehen eben um sie herum, kratzen sich hinter den Ohren und werden immer kleiner. Ja, das ehrliche Zusammenscheffeln ist halt leichter als das ehrliche Auseinandermachen. Darum wird es immer stiller, und schließlich hängt

nur noch die Schulweisheit, die auch in Schilda morgens frisch und warm verabreicht wird, wie kalter Rauch um ihre Köpfe.
Da schnuppert sie plötzlich der Gescheiteste unter ihnen, der Wendelin, nimmt andächtig drei Züge davon und sagt aufatmend in die versunkene Stille: »Ich hab's!«
Alle atmen mit auf und recken die Köpfe hoffnungsvoll nach dem Wendelin.
»Ich habs: Wir rechnen's!«
Ein freudiges Gemurmel bricht los:
»Ei der Daus, du hast recht! Wendelin, rechne du's!«
Da nimmt der Wendelin ein dickes Stück Kreide und malt langsam und schwer an die Schultafel:

28 : 7.

So, da steht's. Den anderen klopft das Herz vor Spannung, als er nun in die Hände spuckt und beginnt, wie er's einst vom Schulmeister gelernt hat:

28 : 7 = 13	»8 durch 7 ist 1« – »Ist eins«, bekräftigen
7	die Sechs.
21	»1 mal 7 ist 7« – »Ist sieben«, und er
21	schreibt die 7 darunter.

Nun zieht er ab: »7 von 8 ist 1« – »Ist eins.«
»0 von 2 ist 2« – »Ist zwei.«

Nun wird wieder geteilt, 21 : 7, und das ist 3; denn 3 mal 7 ist 21, so, darunter und abgezogen: *Es geht auf!* Also ist es richtig!
28 : 7 ist 13, also 13 Zentner bekommt ein jeder, da steht's.
Alle atmen auf, beglückwünschen den gescheiten Wendelin, wenden sich von der Schultafel um zu den Kartoffeln und blicken stolz wie Sieger über sie hin . . .
. . . bis sich plötzlich in die Stille der Siebenklug räuspert, der ewig an einem säuerlichen Husten leidet:

Ja hm, hustet er, es stimme wohl, aber wenn die Kartoffeln dann nur reichten. Er meine es nur, er wolle damit beileibe keinen Zweifel an den Zahlen –, nein, das wolle er nicht, es sei nur ein bißchen viel, wenn er es so überdenke.
Ja ja, eigentlich wär's ein bißchen viel, meinen dann auch der Jochen und der Leberecht, wenn da die Kartoffeln nur reichten. Aber der Wendelin erklärt, die Zahlen lögen nicht, und deshalb sei es richtig.
Gewiß, natürlich sei es richtig, aber man könne sich doch auch *verrechnen.* Eine Weile zerren sie hin und her, bis der Leberecht auf den schlauen Gedanken kommt, die *Probe* auf die Rechnung zu machen: Wenn 28 : 7 = 13 sei, dann müsse auch 13 × 7 = 28 sein.
Damit sind denn alle einverstanden, und der Leberecht solle es machen. Sie drehen sich wieder um zur Schultafel, und während der Leberecht langsam die Aufgabe hinmalt, steigt wieder die Spannung wie immer, wenn der Geist über Schilda kommt:

13 × 7	»3 mal 7 ist 21« – »Einundzwanzig«, bekräftigen wieder alle Sechs.
21	
7	»7 mal 1 ist 7« – »Ist sieben.«
28	»Strich darunter und zusammengezählt: 28!« – Es stimmt!

Die Spannung löst sich in freudiges Gemurmel und stolze Lobsprüche auf die klugen Rechenköpfe Schildas. Darauf und auf den Sieg des Geistes über die Kartoffeln beschließen sie, einen kräftigen Trunk zu tun und ziehen unter gegenseitiger Aufmunterung in die Goldene Gans.
Die Kartoffeln bleiben zurück und liegen still in der Schulstube.
Da, sachte und vorsichtig öffnet sich die Tür, wer ist es: natürlich der Siebenklug mit dem sauren Husten! Die 13 Zentner wollen ihm nicht in den Kopf, auch nach der Probe nicht. Drum hat er sich beiseitegedrückt und ist wieder zurück in die Schulstube geschlichen, um nun selber sein Glück mit der Kreide zu versuchen.

So steht er nun vor der Tafel und malt und brummelt vor sich hin:
»Wenn wir alle sieben je 13 Zentner kriegen, dann muß das zusammen 28 Zentner ergeben:

der	1.	kriegt	13 Zentner
	2.		13
	3.		13
	4.		13
	5.		13
	6.		13
und ich, der	7.	kriege	13
macht	28		21
			7
		macht	28

Und er zählt zusammen und spießt dabei jede Ziffer auf die Kreide:
»3 und 3 ist 6, und 3 ist 9, und 3 ist 12, und 3 ist 15, und 3 ist 18, und 3 ist 21«, das schreibt er hin. Und jetzt die Einer:
»1 und 1 ist 2, und 1 ist 3 . . . und 1 ist 7. Zusammen 28!«
Sprachlos starrt er auf das Ergebnis: Jetzt hat er selbst gerechnet, und es stimmt! *Geteilt* stimmt's, *vervielfacht* stimmt's, und *zusammengezählt* stimmt's auch, also stimmt's!! Und links macht's ebenfalls 28, also stimmt's noch einmal!!!
Vor dieser Wucht der Zahlen bleibt ihm zum erstenmal im Leben der saure Husten weg. Man kann's nicht glauben, aber es stimmt, und was stimmt, ist richtig, und was richtig ist, muß man glauben, weil's stimmt, aber man kann's doch nicht glauben . . . Mit diesem Mühlrad im Kopf drückt er sich still hinaus. Als er dann glücklich auch in der Goldenen Gans erscheint, schlägt ihm die Fröhlichkeit der Freunde entgegen, wo er denn bleibe und ob ihn wieder sein saurer Husten . . .
Siebenklug zieht die Brauen so feierlich hoch, daß es plötzlich still wird in den Eingeweiden der Goldenen Gans, und sagt langsam und ernst:
»Freunde, es stimmt.«
Hei, gab's da ein Hallo und eine noch größere Zeche!

Die Unsterblichen

Eine nachdenkliche Geschichte für die Eingefleischten

Ehe Dante seine Göttliche Komödie schrieb, lebte er in Florenz als Jüngling wie jeder andere. Eines Tages erblickte er an der Arnobrücke Beatrice, die stolze und schöne Jungfrau Beatrice. Aber statt ihr Arm und Geleit anzutragen, wie das sein nordischer Vetter Faust in dieser Lage machte und damit gleich der Schlange auf den Kopf trat, tat Dante das Unzulängliche: Er errötete, blieb stehen und ließ Jungfrau und Gelegenheit aus.

Für einen jungen Mann von heute wäre das weiter nicht schlimm, denn von beiden gibt es nicht nur eine. Aber Dante war ein Dichter. Er war es nicht so gemeinhin wie junge Männer, die der erste Bart kitzelt und die meinen, das sei ihre »Seele«; die aus diesem unklaren Gefühl ebenso unklare Sätze erzeugen und sie aus Mangel an einer sauberen geistigen Schnur hinten mit Reimen zusammenbinden wie ein Bündel Radieschen, o nein, so einer war Dante nicht. Er war ein wirklicher Dichter, der den großen Gedanken der Schöpfung noch einmal dachte, nur eben in Versen.

Aber er war ein unglücklicher Dichter, einer von denen, die nicht die Gabe haben, kurz und bündig zu sagen, was sie leiden. Diese Unglücklichen singen nicht etwa fünf, sechs gerade Strophen nach Osten hin, wo die Geliebte wohnt, sondern beginnen einen fürchterlichen Umweg nach Westen durch Hölle und Fegfeuer, bis sie in den geliebten Himmel kommen. War nicht Kolumbus im Grunde auch einer? Und erging es ihm nicht schlecht? Er wußte, Indien liegt im Osten, und deshalb fuhr er gen Westen. Er hat die Geliebte nie gefunden, weil er dabei unterwegs hängenblieb; in Amerika. Es war eine andere Jungfrau, aber er wußte es nicht. Er starb im Glauben an sie, und die Jungfrau wuchs sich aus.

Doch hier war Dante klüger, er nahm sich einen Führer. Der Mann hieß Virgil, hatte früher auch Gedichte gemacht, war von Troja weit nach Westen gewandert und bei einem Weibe namens Dido gelandet –: Virgil kannte sich aus.

Zu ihm also ging Dante, ob er mit ihm nicht noch einmal die Erde abpilgern wolle.
Um was es sich denn handele?
Es handele sich auch wieder um eine Jungfrau.
Wie sie hieße?
Beatrice.
Die wohne doch hier in Florenz, in der östlichen Vorstadt, da brauche er ihn doch nicht als Führer.
Nein, gerade deshalb wolle er nach Westen durch Hölle und Fegfeuer zu ihr.
Da erkannte Virgil, daß Dante einer von den Unglücklichen war, warf seinen Reisesack über die Schultern und machte sich mit ihm auf den Weg.

Die ersten Stunden gingen sie sich schweigend aufeinander ein. Keiner wagte sich vor seine Haustür, sondern lugte ängstlich hinter dem Vorhang seiner Seelenstube nach dem andern, um sofort zurückzufahren, wenn der es merkte. Dabei träumte Dante wie alle jungen Männer, daß er nun die Welt offen vor sich habe, während Virgil mehr daran dachte, wie Dante leichtfertig eine nahrhafte hinter sich zumachte; wegen der reichen florentinischen Jungfrau. Dido stieg in ihm auf und wie sie ihn später mit dem Äneas –: nein, was für Vorstellungen sich so ein junger Mann doch von der Liebe machte! Darum sah nun Virgil immer öfter und fester zu Dante, dem Jüngling, hin, schließlich schob er entschlossen seinen Seelenvorhang zurück und fragte ihn, ob er Beatrice nicht noch ein Briefchen hinterlassen wolle, gut sei gut, sonst könne am Ende inzwischen ein anderer …
Oh!, lächelte Dante über den Zweifler und blickte verklärt zum Himmel, dessen bedürfe es nicht, er trage die himmlische Gewißheit seiner Liebe im Busen.
»Auch die *ihrer* Liebe?« meinte Virgil.
»Das verstehst du nicht, Virgil, wie solltest du es auch verstehen! Wisse denn: Auch ihrer Liebe!«
Virgil überlegte schweigend, was es da überhaupt zu verstehen gäbe, und wenn etwas, dann täte er das sicherlich bes-

ser. Und weil Dante so grundanständig dachte, schrieb er für ihn heimlich ein paar Zeilen an Beatrice, sie kämen, aber sie möge warten, sie müßten erst noch einmal in die Hölle.
Auf dem Wege begann Dante zu singen. Das Wandern ist nicht nur des Müllers Lust. Mit jedem Schritt, den er von Florenz weg tat, wurde es in ihm leichter, und sein Dichtertum begann zu sprudeln, als hätte er vorher den Daumen auf das Dichterohr gehalten. Virgil wurde es ganz warm ums Herz, er mußte seiner vergangenen Dichterkräfte denken, zerdrückte eine heimliche Träne und beschloß, dem jungen Nachfahren beizustehen in Not und Gefahr, in Glück und Liebe, bei dieser aber nur so weit, bis es nicht mehr nötig sei.
Dante also sang, wundervoll und gleich in richtigen Versen, die sich reimten. Jeden Abend sang er so gewissenhaft Tagebuch über all das, was sie tagsüber erlebt und gesehen hatten, und Virgil stenographierte alles mit.
Einmal tat er das, um es herauszugeben; das ist immer die Beschäftigung der Dichter, die es nicht mehr sind, weil das eigene Brünnchen nur noch tröpfelt. Und dann war es doch auch zu erstaunlich, was für Leute sie in der Hölle trafen, von denen man das gar nicht geglaubt hätte! Ach, das waren gar nicht nur kleine Leute, arme Schlucker, die sich vielleicht einmal aus Not die Hände schmutzig gemacht hatten, sondern vornehmlich gerade große Leute, Kaiser und so, die auf Erden immer Handschuhe trugen.
Wahrhaftig, es war aufregend, so sehr, daß Virgil im stillen zu denken begann, ob Dante nicht doch recht gehabt habe, als er, statt gleich zur Geliebten nach Osten, erst nach Westen ging, um die Welt kennenzulernen und abzuschätzen, was er an Beatrice habe. Wenn sie nur nicht inzwischen . . ., und Virgil schickte wieder einen heimlichen Zettel zu ihr, der Dante sei ein prachtvoller Mensch, sie solle ja warten, und singen könne er, singen! Er stenographiere alles mit, da könne sie dann später selber sehen. Und sein Notizbuch sei schon beinahe voll.
So zogen sie als gute Freunde weiter, Schritt für Schritt, Tag

für Tag, Jahr für Jahr, und die Hölle wollte kein Ende nehmen.

Aber endlich nahm sie doch eins. Das war aber im Jahr 1250; seither hat sie sich bedeutend vergrößert, man bedenke nur, daß Berlin um diese Zeit nur ein Dorf war mit knapp 500 Seelen. Was ist da inzwischen nicht alles dazugekommen!

Endlich lag die Hölle also hinter ihnen, und sie wechselten hinüber in das *Fegfeuer*. Dort sind alle die untergebracht, die noch an irgendeinem abwaschbaren Vergehen herumzubürsten haben, bis sie sauber in den Himmel aufgenommen werden.

Wieder gingen sie Schritt für Schritt und Tag für Tag, und jeden Abend sang Dante in Virgils zweites Notizbuch, und auch das füllte sich rasch. Ach, es waren ihrer gar viele, die an solchen Seelenflecken herumschabten, kratzten, rieben und mit Wasser abspülten.

Eines Tages während der Mittagsrast fragte Virgil, nun hätten sie schon so viele Menschen aus aller Herren Länder und aller Stände gesehen, aber noch keinen Mathematiker, wo die denn steckten? In der Hölle wären sie ihnen doch auch nicht begegnet.

»Wie kommst du darauf?« fragte Dante.

»Ich meine nur. In der Hölle waren sie nicht, und im Himmel können sie doch wohl auch nicht sein.«

»Warum nicht? Übrigens mag ich sie nicht«, entgegnete Dante.

Das war erklärlich; wer liebt, rechnet schlecht. Virgil verstand das. Aber er sagte:

»Sie haben doch die ganze Menschheit mit ihren Zahlen durcheinandergebracht. Wie schön wäre es auf der Welt, wenn es keine Zahlen gäbe! Wenn ich z. B. an den Pythagoras denke, der zu meiner Zeit gelebt hat, wie viele Menschen haben nicht schon durch ihn an Kopf und Steiß gelitten!«

Ja, meinte Dante, er habe auch schon von ihm gehört, der müsse dann wohl im Fegfeuer sein; im übrigen sei es ihm gleichgültig.

Ob sie nicht einmal fragen sollten?
»Wenn's dich so drückt, frage!«
Virgil ging fragen, und Dante wartete auf einem Baumstumpf.
Endlich kam Virgil ganz aufgeregt zurück: Ja, sie seien im Fegfeuer, hier ganz in der Nähe, er habe das richtig im Blut gespürt. Alle zusammen seien sie da, der Pythagoras und der Archimed und noch viele andere. Sie seien in einer hübschen Siedlung untergebracht, ganz für sich, weil sie mehr durch Geist als mit den Händen gesündigt hätten und im Grunde nichts dafür könnten. Ob sie nicht hingehen wollten?
»Eigentlich nicht, nur dir zuliebe!« sagte Dante und stand langsam auf.
Da gingen sie denn hin.
Sie folgten einem Weg, zu dessen beiden Seiten das Gras ganz gleich und sauber geschnitten war, und schöne Kreis- und Ellipsenbeete darin waren mit Stiefmütterchen lieblich besetzt, außen mit gelben und innen mit blauen, alles war gepflegt und frisch gesprengt wie vor einem Kloster, wo viele Hände Zeit und Liebe für die kleinen Dinge haben.
So kamen sie vor das Tor, dessen Bogen die Aufschrift trug:

Lasciate ogni speranza voi ch'entrate!

»Gebt hier beim Eintritt alle Hoffnung auf!«
Der Pförtner begrüßte sie freundlich, und Virgil fragte, ob sie hier nicht die berühmten Mathematiker besuchen könnten. O doch, ja, er gäbe ihnen einen Führer mit.
Wie schön das hier alles sei, sauber, Blumen, nette Häuschen ...
»Ja«, sagte der Pförtner, »die Insassen sind auch sauber und halten es auch so, sie sind ordentlich und, abgesehen von ein paar Ausnahmen, gutmütig. Es sind eben lauter Mathematiker.«
Ja, warum sie da nicht im Himmel wären?
Da lächelte der Pförtner, das ließe sich so leicht nicht sagen, bei manchen sei es sogar ziemlich ausgeschlossen.

»Das ist doch nicht möglich!« rief Virgil, »Köpfe, die soviel Geist in die Welt gebracht haben!«
»Ja, sie leiden eben unter dem Geist, den sie gerufen haben. Erst wenn sie mit den Gedanken, die sie zu Lebzeiten entdeckt haben, zu Ende sind, dürfen sie in den Himmel, denn die Seligkeit dort darf nicht durch Denken gestört werden. Ob aber ein Mathematiker je aufhören kann zu denken? Nun, ich rufe Ihnen den Führer, dann werden Sie das ja alles selber sehen.«

Der Führer kam, und sie gingen durch die Siedlung, Dante etwas hinter den beiden andern.
»Möchten Sie gern jemand bestimmten sehen?«
»Ja, den *Pythagoras,* wenn's geht«, bat Virgil eifrig, in Erinnerung an seine Leiden.
»Das trifft sich gut. Er ist jetzt sicherlich zu Haus. Morgens muß er nämlich die hundert Ochsen, die er seinerzeit geopfert hat, als er seinen Satz entdeckte, auf die Weide treiben. Jetzt ist er aber daheim, in dem weißen Häuschen dort, kommen Sie, reden Sie aber nicht mit ihm.«
Sie traten ein in eine blanke Stube mit rotweißgewürfelten Vorhängen, durch die die Sonne freundlich hereinschien. Da saß am Tisch ein sauberes altes Männchen und hatte einen großen Haufen Lottosteinchen vor sich, mit Zahlen darauf. Die las er aus wie Erbsen, die einen ins Kröpfchen, die andern ins Töpfchen.
»Was macht er da?« fragte Virgil leise.
»Er liest Zahlen aus, pythagoreische Zahlen. Wenn er drei hat, von denen die Quadratsumme der beiden kleineren gleich dem Quadrat der dritten ist, dann packt er sie zusammen –, sehen Sie«:
Pythagoras stand plötzlich auf, lächelte, pfiff die fröhliche Weise

Wie freu ich mich, wie freu ich mich,
wie treibt mich das Verlangen . . .

vor sich hin, rollte die drei Lottosteinchen wie eine Geldstange zusammen, malte langsam und gewichtig darauf:

$$21^2 + 20^2 = 29^2$$
$$(441 + 400 = 841),$$

und stellte sie zu den übrigen auf ein Wandbrett, das Virgil erst jetzt sah und das schon ganz voll war mit solchen pythagoreischen Röllchen.

Danach setzte sich Pythagoras wieder an den Tisch und suchte weiter unter den Zahlenerbsen: die schlechten ins Kröpfchen, die guten ins Töpfchen.

Beim Hinausgehen fragte Virgil:

»Ist er glücklich?«

»Vollkommen«, sagte der Aufseher. »Alle sind es. Kommen Sie.«

Draußen in der Sonne fanden sie Dante sitzen, und sie gingen weiter.

»Und was macht der da drüben?« deutete Virgil auf einen Alten im weißen Bart, »spielt er im Sand?«

»Nein, das ist *Eratosthenes* aus Kyrene, Eratosthenes mit dem Sieb. Auch er hat wie Pythagoras einen Haufen Zahlen vor sich, nur schüttet er davon immer eine Menge in ein Sieb, rüttelt es kräftig hin und her, und dann fallen die anderen Zahlen hindurch und nur die *Primzahlen* bleiben darin. Manchmal sind es viele, manchmal nur eine und oft wochenlang keine. Kommen Sie, ich muß ihm den Strohhut aufsetzen, der ihm heruntergefallen ist bei dem Schütteln, sonst bekommt er einen Hitzschlag.«

Sie gingen hinüber, sagten Grüß Gott, und der Aufseher stülpte ihm von hinten den großen Strohhut wieder auf den Kahlkopf. Eratosthenes merkte es gar nicht, sondern war, die Zunge zwischen den Zähnen, ganz ins Schütteln vertieft.

Plötzlich hörte er auf und jauchzte:

»Es rüttelt sich und schüttelt sich
und macht ein Häufchen unter sich . . .«

pickte mit spitzen Fingern eine Zahl aus dem Sieb und hielt sie lächelnd dem Aufseher unter die Nase. Virgil las:

2.305.843.009.213.693.951

»Nun, hast du wieder eine gefunden? Das ist aber eine ganz dicke, die dickste wohl?«
Der Alte nickte mit dem Kopf und wickelte sie sorgfältig in ein Rhabarberblatt, damit sie ihm nicht in der Sonne zerfalle.
»Nur hübsch so weitermachen!« sagte der Aufseher und setzte seinen Rundgang mit Virgil fort, Dante fünf Schritte hinterher.

»Ich führe Sie jetzt zu einem ganz berühmten Mann, er stammt aus dem Morgenland und wir wissen nicht recht, wie er heißt. Wir nennen ihn nur *Sindbad.*«
»Der Seefahrer aus 1001 Nacht?«
»Vielleicht. Für seinen König hat er das Schachspiel erfunden und sich von ihm dafür ausbedungen auf das 1. Feld *ein* Weizenkorn, auf das 2. Feld *zwei* Körner, auf das 3. Feld *vier,* und weiter so, immer auf das nächste Feld jeweils die *doppelte* Anzahl Körner. Der König hat es ihm genehmigt, und nun zählt sie Sindbad ab. Er ist gerade beim 47. Feld, schauen Sie hier durchs Fenster!«
Ja, da stand Sindbad in gelassener Würde, den Turban auf dem Kopf, und zählte Korn für Korn auf das 47. Feld. Ein gelbes Korn rann aus seiner dunklen Hand, und man hörte ihn murmeln:
»Achtmilliondreihundertneunundfünfzigtausendsiebenhundert*drei*undsechzig –«
Wieder ein helles Korn aus der Hand:
»Achtmilliondreihundertneunundfünfzigtausendsiebenhundert*vier*undsechzig –«
»Das ist ja fürchterlich«, meinte Dante, der über ihre Köpfe auch hineinsah.
»Nicht so fürchterlich, wie Sie vielleicht denken, denn Sindbad ist zugleich unsere Uhr.«
»Wieso das?«

»Sie kennen die Geschichte von dem Vogel, der alle tausend Jahre einmal geflogen kommt und seinen Schnabel an einem Diamantberg wetzt. Wenn er diesen Berg abgewetzt hat, ist die erste Sekunde der Ewigkeit verflossen. Das haben wir hier im Fegfeuer natürlich nicht, aber wenn Sindbad das ganze Schachbrett durchgezählt hat, Korn für Korn, und es sind im ganzen

18.446.744.073.709.551.615 Körner,

dann ist eine Fegfeuersekunde herum. In Menschenjahren verstehen Sie das vielleicht besser: Sindbad braucht im Durchschnitt für eine Zahl zwei Sekunden, so daß er das Schachbrett nach rund

1.000.000.000.000 Menschenjahren

durchgezählt hat.«
»Und dann?« fragte Dante.
»Dann räumt er das Brett wieder ab und fängt von vorn an.«
»Das ist ja grauenhaft!«
»Nicht so sehr, wie Sie denken. Sindbad ist glücklich, wenn er nur zählen kann, genau wie die meisten Ihrer Mitmenschen. Er hat es ja so gewollt. Des Menschen Wille ist sein Himmelreich.«
»Oder seine Hölle«, entgegnete Dante.
»Ja«, sagte Virgil gedankenvoll und dachte an Dantes Umweg zu Beatrice, und daß es wieder an der Zeit wäre, einen heimlichen Zettel . . .

»Sehen Sie, schnell!« entriß ihn da der Aufseher weiteren Folgerungen, »dort kommt einer von den Sieben Weisen. Er wird uns sicherlich ansprechen.«
Da kam in wiegendem, würdigem Gang, vor sich hinmurmelnd und an den Fingern spielend, die Straße daher *Bias* der Weise, weiland Professor an der Universität Alexandria, und hielt plötzlich vor ihnen. Er spießte Virgil mit dem Zeigefinger an:
»Was trägst du, junger Mann, mit dir?«

Virgil war ganz überrascht und stotterte: »Nicht viel, Herr, eigentlich nichts!«
Da lachte Professor Bias triumphierend auf:
»Nichts, haha, nichts trägt er –: aber *ich,* ich trage alles mit mir, omnia mea mecum porto! Sieh her, wieviel ist

$$7 \times 9?«$$

Und nun beginnt er mit seinen Fingern zu arbeiten:
Er schlägt zwei Finger der linken Hand ein, desgleichen vier an der rechten Hand, jeweils soviel, als 7 und 9 über 5 hinausgehen:
»Siehe!« sagt Bias leuchtenden Blicks, »der eingeschlagenen Finger sind es zwei und vier, macht sechs, das sind *sechzig.* Der stehenden Finger sind es drei mal 1, macht drei. Also

$$7 \times 9 = 63!$$

Hahaha, ego omnia mea mecum porto, ich, junger Mann, ich trage alles mit mir, du nichts, hahaha –«, und Professor Bias läßt sie stehen und wandelt weiter würdig die Straße hinunter.
Virgil war sprachlos, und Dante sah ihm lange nach. Dieser Mann machte ihm Eindruck: Alles mit sich tragen! Was trug er denn? Nicht viel mehr als seine unklare Liebe zu Beatrice, und wie schwer trug er daran! Für Professor Bias wäre sie leicht wie eine Spatzenfeder gewesen, er hätte sie nicht einmal gemerkt, und lächerlich, zu denken, dieser trage je an einer Liebe *schwer*! Und wie er das mit den Fingern konnte! Konnte er vielleicht seine Liebe zu Beatrice an den Fingern auch nur abschätzen? Ja, dieser Mann war ein Weiser. Wäre er nicht Dante, möchte er Bias sein. Und in tiefen Gedanken folgte er den beiden, die schon ein ganzes Stück vorausgegangen waren.

»Um Himmelswillen, stellen Sie sich rasch an die Wand!« rief ihm da der Aufseher zu und drückte selbst Virgil in eine Mauerecke. Man hörte rufen, immer lauter, immer näher, plötzlich rannte ein Mann pudelnackt um die Ecke und schrie in einem fort aus Leibeskräften:

»Heureka, ich hab's, ich hab's, Heureka!!!«
Er hatte aber gar nichts, sondern rannte nur wie toll durch die Gasse. Wohl ging ihm jeder aus dem Weg, aber sonst kümmerte sich niemand um ihn. Noch aus der Ferne hörte man sein Heureka – Heu – re – ka – Heu . . .
»Unser schwerster Fall«, erklärte der Aufseher. »Er heißt *Archimedes*. Sein König gab ihm einmal eine Krone. Er sollte herausfinden, ob sie aus reinem Gold sei. Die Aufgabe gelang Archimedes nicht sofort, aber eines Tages im Bad fiel ihm die Lösung ein. Da sprang er heraus, wie er war, rannte durch die Straßen von Syrakus und rief: Heureka, ich hab's!«
»Und dann?«
»Ja, als er die Aufgabe mit der Krone gelöst hatte, machte ihn der König zu seinem Hofgelehrten. Da saß er denn den ganzen Tag da und, weil es ja noch kein Papier gab, rechnete und pfotelte er im Sand wie ein scharrendes Huhn, das ein Korn sucht. Er suchte auch eins und nannte es Pi. Eines Tages war er ganz in sein Scharren versunken, so daß er alles um sich her vergaß. Als er jemand kommen hörte, meinte er, es sei seine Magd, die ihn zum Essen rufe. Da wehrte er, ohne aufzusehen, zornig ab:
»Verwisch mir ja meine Kreise nicht!«
Es war aber ein roher Römer, der in den Hof eingedrungen war und nun meinte, der Alte wolle ihm krumm kommen. Darum schlug er ihm mit dem Stock über den Kopf, daß Archimedes ohnmächtig umfiel. Das hat ihn schwer mitgenommen. Seit dieser Zeit findet er aus seinen Kreisen nicht mehr heraus.«
»Und was macht er jetzt, er kann doch nicht immer durch die Straßen laufen?«
»Ach, wenn er sich ausgelaufen hat, setzt er sich in den Sand und scharrt nach dem Korn Pi. Es dauert eine Weile, bis er sich ganz beruhigt hat, dann steht er wortlos auf, klettert wieder still in seine Badewanne und spielt mit der Krone.«
»Armer Mensch!« bedauerte ihn Virgil.
»Ach, er ist ganz zufrieden dabei. Und wir haben ihn gern.

Besonders die Oberschwester Metica versteht es gut mit ihm wie überhaupt mit jedem.«
»Wer ist Metica?«
»Ja so, das wissen Sie ja nicht. Als eine der sieben Freien Künste ist sie eine Nichte der neun Musen und hieß, als sie noch weltlich war, Arithmetica. Über ihre Eltern weiß man nichts, es waren wohl dunkle Leute. Jedenfalls verbrachte sie ihre schönsten Jahre in der Obhut ihrer neun Tanten. Als die Zeiten schlechter wurden und die Menschen sie nicht mehr pflegen wollten, wurden auch die Freien Künste brotlos. Da mußte dann jede von den sieben einen Beruf ergreifen, und so kam Arithmetica als Schwester Oberin zu uns in die mathematische Abteilung des Fegefeuers. Hier heißt sie dann nur kurz Schwester Metica. Sehen Sie, da drüben kommt sie grade. Vielleicht spricht sie mit unserem Gärtner. Wenn wir etwas näher gehen, können wir sie beide hören.«

Und so hörten sie:
»Nun, *Thales,* pflanzen Sie wieder Beete an?«
Das alte Männchen mit den guten Augen, das vor einem Beet kniete und Pflänzchen setzte, blickte lächelnd auf:
»Ja, Schwester Metica, es wird wunderschön werden.«
»Das glaube ich, lieber Thales, und was setzen Sie?«
»Sehen Sie, hier an den Halbkreis kommen lauter Löwenmäulchen, alle gelbrot, über den ganzen Rand hin –«, und er zeichnete, den Kopf vor lauter Liebe schief, mit der Hand einen Halbkreis durch die Luft. »Und dann in den Winkel –, ach, Schwester Metica«, und er blickte mit strahlenden Augen zu ihr auf, »er ist immer ein Rechter, Schwester Metica, immer und ewig ein Rechter, da pflanz ich Zinnien hinein, stolze Zinnien, stolz, wie es der Winkel auch ist.«
»O, das wird aber fein, lieber Thales.«
»Ja, Schwester, das wird fein«, und seine Augen liebkosten das seltsame Beet vor sich, »das wird fein, aber das allerfeinste, Schwester, ist doch, daß er ein Rechter ist, immer und ewig ein Rechter. Wie schön das ist, das verstehen die wenigsten, aber *ich* hab's verstehen dürfen, und deshalb bin ich

immer ganz glücklich. Und mein Freund Pythagoras versteht es auch noch, und auch er freut sich darüber.«
»Und ich, lieber Thales, ich freue mich auch darüber.«
»Ja, das ist auch sehr, sehr lieb von Ihnen, Schwester Metica«, und er schaute sie glücklich an. »Wenn die Zinnien hier blühen, sollen Sie die ersten haben.«
»Danke, lieber Thales, und weiter gute Arbeit!«
Thales sah ihr noch eine Weile mit warmen Augen nach, dann bohrte er wieder seinen Zeigefinger in die Erde, hob sorgfältig ein Pflänzchen mit den Wurzeln hinein und drückte es fest. Und jedesmal danach sah er mit schiefem Kopf darüber hin, daß es sauber in der Schnur stand.
»Sie sehen, er ist vollkommen zufrieden«, sagte der Aufseher, als sie in der Ferne hinter seinem Rücken vorbeigingen, um ihn nicht zu stören. »Mehr kann ihm die Welt auch nicht geben, nicht einmal das. Nur einer ist es nicht, der war es aber auch nicht auf der Erde. Wir gehen jetzt einmal zu ihm.«

Und sie gingen an gepflegten Rasen und Rabatten vorbei, auf denen die ersten Rosen aufsprangen.
»Und wer ist das?« fragte Virgil nach einer langen Weile.
»Es ist *Platon*. Der Akademiker Platon. Solche Leute kommen ja überhaupt schwer mit dem Leben zurecht. Jetzt hat er ein neues Menschenspiel entdeckt. Ich stand einmal dabei, als er es Schwester Metica erklärte:
›Sie wissen, Schwester Metica, ich habe eine Lehre vom Staat geschrieben, vom besten Staat, den der Mensch haben kann. Hat er sich danach gerichtet? Wollte er sein Glück? Nein, er wollte es nicht. Warum nicht? Weil er ein Zoon politikon, ein Staatstier, ist. Haha, so habe ich das übersetzt, als ich noch ein junger Mann war, vornehm übersetzt – heute übersetze ich: ein *»Staats-Tier«*, ein *»gemeines Tier«!*‹
Schwester Metica war entsetzt. ›Sie nicht, Schwester, Sie nicht!‹
›Und was treiben Sie jetzt?‹
›Sie wissen, man läßt mich nicht eher in den Himmel, als bis ich aufhöre zu denken. Das kann ich aber nicht, will sehen,

wer es länger aushält, er oder ich, hahaha! Also schauen Sie her: Ich habe ein Spiel vom *wahren* Menschen erdacht, vom Zoon politikon, das den ganzen Abgrund in ihm aufreißt! Was sehen Sie hier?‹
›Ein Brett mit Löchern.‹
›Zählen Sie!‹
›Eins, zwei, drei ... dreiunddreißig, 33 Löcher.‹

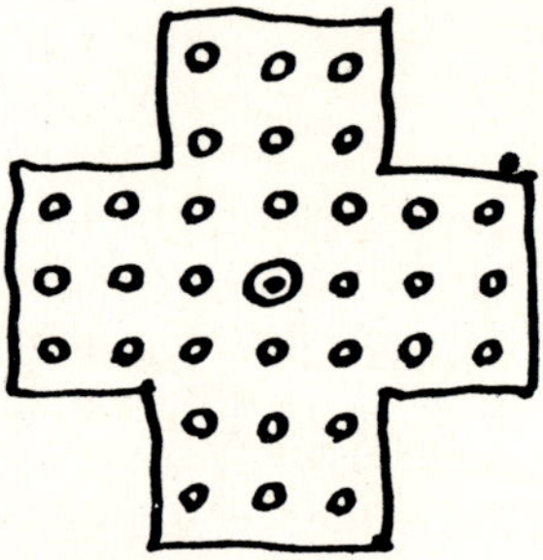

›Jaa, 33 Löcher übers Kreuz angeordnet, nach den vier Himmelsrichtungen ausgerichtet –: Das ist die Welt! 33 Löcher! Was mache ich jetzt?‹
›Sie stecken in jedes ein Streichholz.‹
›In jedes? Nein. In alle, nur nicht ins mittelste! Nun passen Sie auf, was mache ich jetzt?‹
›Sie überspringen mit einem Holz ein anderes und nehmen das übersprungene heraus.‹
› – und nehme das übersprungene heraus, sehr richtig, Schwester Metica, ich mache es tot, ich werfe es auf den Schindanger, weil ich es übersprungen habe: so – und so – und so – so – so –, Schwester Metica, überspringen, auf den Schindanger damit, hahaha‹, lachte Platon mit funkelnden Augen, übersprang die Hölzchen und schleuderte die übersprungenen weit hinaus in die Stube. Plötzlich ging es nicht mehr, Platon konnte nicht mehr springen! Er keuchte. Die Augen quollen ihm aus dem Kopf –: ›Aus! Und *vier* übrig! Unmöglich, einer, nur einer muß bleiben, ein einziges Zoon politikon, *ein* Menschentier, das letzte!‹
›Das ist ja furchtbar!‹ stöhnte Schwester Metica.

›Furchtbar, nicht wahr, Schwester, furchtbar! So furchtbar ist der Mensch: immer einer den andern überspringen, ihn dann aus der Welt hinauswerfen, bis er selbst hinausgeworfen wird – oder als Letzter auf dem Feld bleibt, als Allerletzter! Ja, *das* ist der Mensch, Schwester Metica!‹«

Der Aufseher schwieg.

»Und was sagte da die Schwester?« fragte Virgil nach einer Weile.

»Schwester Metica war tief getroffen. Sie sagte lange gar nichts; dann:

›Und was machen Sie jetzt, da Sie ja doch den Menschen mit Ihrem Spiel entlarvt haben?‹

›Was ich mache? Ich versuche es *so* lange, bis nur *einer* übrig bleibt, diesmal waren es *vier* –‹, und er hielt ihr das Brett unter die Augen, auf dem noch vier Streichhölzer standen.

›Ja, ist es denn überhaupt *möglich,* daß nur einer übrigbleibt, Plato?‹

›Eine kluge Frage, geradezu eine mathematische Frage, Schwester Metica. Ja, es ist möglich, weil es in der Idee des Menschen liegt, sich solange gegenseitig umzubringen, bis nur *einer* übrigbleibt. Jetzt wissen Sie, was ich hier noch zu machen habe: solange probieren, bis ich *ihn* habe, den einen, das Zoon politikon, die bestia communis, den Edelmenschen!‹

Nach einer langen Weile sagte Schwester Metica:

›Sie sind furchtbar, Platon, mit Ihrer schlechten Meinung von uns Menschen!‹

›Vielleicht bin *ich* eben allein so furchtbar, vielleicht bin *ich* der eine, der übrigbleibt mit seinem Haß – oder‹, fügte er nach einer Weile mit weitem Blick hinzu, ›oder vielleicht sind Sie es, Schwester Metica, die am Ende mit ihrer Güte das Feld beherrscht.‹ Das aber hörte sie nicht mehr, denn sie war hinausgegangen.« –

Der Aufseher schwieg. Dante war von seiner Erzählung tief ergriffen. »Probiert er immer noch?«

»Ja, er probiert immer noch, kommen Sie.«

Sie gingen zu einem Häuschen ganz am Rand der Siedlung, auf dessen Torsturz zu lesen stand:

Wer keine Mathematik versteht,
komme mir nicht unters Dach!

»Gehen wir nicht darunter«, sagte Dante. Er sprach Virgil aus der Seele.
Durch das Fenster sahen sie drinnen Platon mit zerzaustem Haar, schnaubend und keuchend, immer ein Hölzchen überspringen, in die Stube schleudern . . .
»Gehen wir«, sagte Dante erschüttert, »der Anblick allein vernichtet alle Hoffnung auf Frieden unter den Menschen.«

Und so gingen sie denn langsam wieder dem Ausgang zu, Dante in Gedanken versunken weit hinter ihnen nach. Die Sonne stand schon tief. Sie kamen an Thales' sauber gepflanztem Beet vorbei, er selbst war schon gegangen. In der Hauptstraße mußten sie plötzlich noch einmal zur Seite treten:
Pythagoras trieb seine hundertfältige Herde von der Weide heim. Bim, bam, bom, gingen die Ochsen schwer durch die Straße, und hinter ihnen der kleine alte Pythagoras mit der Peitsche.
Die drei sprachen kein Wort mehr. Erst am Tor fragte Virgil:
»Sind Ihre Leute allein, sind sie nicht verheiratet?«
»Nein. Was ein richtiger Mathematiker ist, ist Junggeselle. Was sollte auch eine Frau bei ihnen! Glücklich sind sie ja doch nur mit ihren Zahlen.«
Als dann Dante endlich herangekommen war, bedankten sie sich und verabschiedeten sich von dem freundlichen Aufseher. Dann waren sie wieder draußen.
Dante blieb stehen und sah noch einmal zurück:

Lasciate ogni speranza voi ch'entrate!

Hoffnungslos, wahrhaftig! Wer von diesen Armen, der so selig-unselig mit Zahlen an den Geist gekettet war wie eine Ziege an den Baum und immer nur im Kreis herumlief, sollte je ausbrechen, um auf den himmlischen Gefilden in ewiger Seligkeit zu weiden?

Nur eines half hier aus der Wirrnis: Barmherzigkeit! Die Barmherzigkeit, diese *Un*sterblichen, um sie von ihrem mathematischen Übel zu erlösen, jenseits von Himmel und Hölle sterben, einfach *aussterben* zu lassen!

Aufatmend beschloß Dante, Gott darum zu bitten, aus Liebe, aus reiner Nächstenliebe. Den stillen Wunsch, daß ihm, dem Dichter, und wahrscheinlich auch der weiblichen Beatrice eine Welt ohne Mathematik sehr viel angenehmer sei, ließ er dabei heimlich auf dem Grund seiner Seele unter einen Stein schlüpfen wie eine Kröte.

Bei dieser dunklen Tätigkeit überraschte ihn Virgil mit dem Notizbuch: »Komm, Dante, singe den heutigen Nachmittag ins Tagebuch!«

»Singen? Ich kann heute nicht singen!« errötete Dante und schritt mit geradem Blick an ihm vorbei.

»Schade«, murmelte Virgil und steckte das Notizbuch wieder ein, »es wäre für manchen sehr heilsam gewesen.« Und er nahm den Reisesack wieder auf die Schulter und schritt hinter ihm drein.

Daher steht der Besuch Dantes in der mathematischen Abteilung des Fegefeuers nicht in seiner Göttlichen Komödie, obwohl er sicherlich eine ist.

Mehr über das Erdenleben der Unsterblichen erfahren Sie auf Seite 92.

Fährmann, hol über!

Karl wäre gewiß nicht der Große, hätte er nur mit dem Schwert auf die zu seiner Zeit noch ziemlich leeren Blätter der Geschichte schreiben können; er ist es vor allem deshalb, weil er es auch mit dem Griffel auf die Schiefertafel konnte. Zwar hatte er das nicht in seiner Jugend gelernt, sondern er kam von sich aus auf diese löbliche Ansicht, als er gerade 40 Jahre alt wurde; weshalb manche Geschichtsschreiber meinen, Karl sei ein Schwabe gewesen. Er war aber ein Franke.

Groß war weiter an Karl, daß er diese Fähigkeit nicht für sich behielt, sondern darauf drang, daß sein ganzer Hofstaat, von den Paladinen bis zu den Pferdeburschen einschließlich der zugehörigen Weiblichkeit, den Griffel schwang und auf der Tafel jenes krause Netz von Grund- und Haarstrichen erzeugte, in dem sich das lebendige Menschenwort verfängt wie ein zappelnder Karpfen.

Durchzuführen war das nicht leicht. Es ist kein Wunder, wenn einem eisernen Ritter, der sich die Nacht zuvor an einem männlichen Trunk ergötzt und am Morgen eine ebenso männliche Sauhatz mitgeritten hatte, am Nachmittag der Griffel bedenklich wackelte. Manch einer nahm da schweren Herzens am Abend seine leere Schiefertafel mit ins Bett und legte sie unters Kopfkissen in der Hoffnung, ein guter Engel werde sie ihm bis zum Morgen vollgeschrieben haben. Wie immer gab es auch schon zu Karls Zeiten solche guten Engel, und mancher Ritter, der nur richtig zu beten verstand, konnte sich auf seinen Schreibengel verlassen.

Denn Karl bestand nun einmal darauf, daß jeder täglich seine Tafel vollschrieb und ihm vorzeigte. Manch einer zog da wie seit je mit zitterndem Ranzen vor den strengen Lehrer, um seine Tafel hinzuhalten, die er recht und schlecht selbst verbrochen hatte oder von seinem Engel oder sonst einem Paladinchen hatte verbrechen lassen. Und manch einer mußte nachsitzen, denn Karl achtete darin weder Rang noch Stand nach dem ewigen Lehrerwort: Züchtige, wen du lieb hast und nicht!

Daß er ein sehr strenger Lehrer war, ist sicher, denn seine eigene Tochter ist mit einem Schüler namens Einhard durchgebrannt und hat lieber im dicken Odenwald eine fromme Kapelle gebaut als in Aachen eine Schiefertafel vollgeschrieben. Wie tief der Haß gegen den Lehrer Karl sich eingefressen hatte, geht auch daraus hervor, daß jener Schüler Einhard eines Tages darauf verfiel, das Leben Karls der Nachwelt zu überliefern. Nun, jeder weiß aus eigener Tätigkeit, warum das geschieht und was dabei für den Lehrer herauskommt.

Diese Flucht stimmte daher Karl sehr bedenklich, und so sah er sich, weil er auch die Mittel dazu hatte, nach einem Lehrer für seine Schule um: Man empfahl ihm einen Mönch namens Alkuin, der zwar in Irland wohne, aber der richtige Mann sei. Karl wählte ihn trotzdem und schickte einen Boten hinauf in jenes Kloster.

Ist schon heute ein Mönch in der Welt eine seltsame Sache, so war es ein irischer Mönch zu Karls Zeiten noch viel mehr. Als der Abt dem Klosterbruder Alkuin die ehrenvolle Berufung mitteilte und ihn fragte, was er nun auf die große Reise nach Aachen mitnehmen wolle, da antwortete Alkuin: Nichts als einen Wolf, einen Krautkopf und eine Geiß.

Der Abt schnappte nach Luft und fragte, als er welche hatte, wozu.

»Den Wolf zum Schutz gegen die Wölfe, den Krautkopf als eisernen Bestand gegen den Hunger und die Geiß als Milcherzeugerin gegen den Durst.«

Da sah der Abt doch ein, daß Alkuin klüger sei als er, und tat, was ein weniger kluger Mann in solchen Fällen als bestes tun kann: Er schwieg, segnete ihn und ließ ihn ziehen.

Und Alkuin zog.

Er zog, den Wolf als Rückendeckung hinter sich, die Geiß als meckernde Weg- und Milchbereiterin vor sich und den Krautkopf als letzten Trost im Arm.

So kam er durch viele Städte und Länder eines Mittags endlich an den Rhein, über den er hinüber mußte, weil Aachen auch damals schon auf dem anderen Ufer lag. Da er nicht geschrieben hatte, wann und wo er ankomme, hatte ihm Karl auch niemand entgegengeschickt. Also stand er denn da mit seinen drei Weggenossen und sah auf das viele, viele Wasser, das sich in der Mitte gar nicht um ihn kümmerte und am Ufer ihn nur spöttisch angluckerte. Da rief er das bekannte »Fährmann, hol über!«, bekam aber keine Antwort, nicht einmal eine häßliche. Was tun? Das Wasser hatte auch zu Karls Zeiten noch keine Balken, und ohne Balken hatte es nur ein einziges Mal einen Sterblichen getragen, der Petrus hieß. Aber so hieß Alkuin nicht, und darum suchte er nach einem Kahn. Gewiß, er hätte schwimmen können, aber der Rhein ist breit und ein Krautkopf keine Schwimmblase.

Wer suchet, der findet. Alkuin fand. Aber wehe, das Boot trug nur *zwei* von ihnen, nicht alle! Wehe deswegen, weil Alkuin erkannte, daß die Überfahrt dann nicht ganz einfach wäre. Wohl sind ein Wolf, eine Geiß und ein Krautkopf *an sich* recht friedliche Geschöpfe, ganz wie die Menschen, aber leider nicht *gegeneinander,* auch ganz wie die Menschen: Der Wolf frißt dann die Geiß, und die Geiß den Krautkopf, und wenn das die Geiß zuerst tut, frißt der Wolf auch noch den Krautkopf. Selbst ein ehrwürdiger Alkuin mit geradezu heiligem Lebenswandel wirkt nur durch persönliche Anwesenheit und bannt durch seinen Glorienschein die lichtscheuen Nattern der Triebe in der Brust der Wölfe und Geißen. Verglimmt dieses Licht aber durch die Entfernung seines Trägers, dann herrscht wie ehedem die Urnacht, die Nattern züngeln unter den Steinen hervor und feiern die Finsternis.

So klug war Alkuin noch, daß er das wußte. Deshalb sann er, wie er seine drei Weggefährten ohne Schaden an Leib und Seele hinüberbekäme. Nahm er zuerst den Wolf ins Boot, so fraß die Geiß mittlerweile den Kohl; nahm er den Kohl herein, so fraß der Wolf die Geiß. Also mußte er wohl die Geiß zuerst übersetzen.

Wie aber dann weiter?

Nun, die Sonne hatte damals am Rhein den ganzen Nachmittag über Gesellschaft: Alkuin fuhr hinüber und herüber und herüber und hinüber mit seinem Kahn, und sie bewunderte mit Recht soviel Ausdauer und soviel Scharfsinn eines Mönches, dessen Handwerk doch eigentlich das Beten ist, *denn endlich hatte er es geschafft und stand mit seinen drei Genossen wohlbehalten am linken Ufer!*

Die Sonne war davon so freudig überrascht, daß sie eilig vom Rhein weg westwärts gen Aachen lief und dort Alkuins baldige Ankunft meldete. Richtig traf er am folgenden Mittag vor den Toren der Stadt ein und wurde dort höchst eigenhändig von Karl, seinen Paladinen und dem ganzen Hofstaat feierlich empfangen, wobei ihm Karl vor allem Volk sogleich die Würde eines Hofschulmeisters umhängte. Mit ihr am Hals und seinem Krautkopf im Arm, die Geiß vor und den Wolf hinter sich, Karl zu seiner Linken und den Rasenden Roland zur Rechten betrat er die Stadt unter feierlichem Geläute und Gejubel.

An der Abendtafel fragte ihn dann Karl, wie er so glücklich über den Rhein gekommen sei, ohne daß der Wolf die Geiß und die Geiß den Kohl –

Alkuin antwortete: »Kein Wunder!«

Dann nahm er aus einer Schachtel Streichhölzer eins und sagte: »Das ist der Wolf«, brach ein zweites in der Mitte entzwei: »Die Kopfhälfte ist die Geiß, die andere der Krautkopf. Die Schachtel selbst ist mein Kahn, und meine Hand, mit der ich sie jetzt von meiner Tischkante hinüber zu deiner fahre, Karl, bin ich. Und dann habe ich es so gemacht ...«

Da umringten ihn alle Paladine und Paladinchen und guckten sich gegenseitig über die Schultern, wie er nun allmählich seine drei Genossen hinüber auf Karls Seite bekam. Und als sie alle drüben waren, ohne daß der Wolf die Geiß und die Geiß den Krautkopf gefressen hatte, da lachte Karl aus vollem Halse und klopfte Alkuin auf die Schulter, er sei ein schlauer Kerl und werde seinen Leuten auch das andere Abc beibringen, und alle lachten mit und bewunderten ihren neuen Lehrer. Aber sie bewunderten ihn nicht nur, sondern

lernten ihn mit der Zeit auch lieben, denn er steckte voller Geschichten und Weisheit.
Eines Tages hatte Kaiser Karl Geburtstag. Wie sollte ihn Alkuin und die Schule feiern? Alkuin beschloß, mit den Schülern in den Wald spazierenzugehen, ein Brauch, der sich von da an durch die Schuljahrhunderte erhalten hat. Alle waren mit Freuden und Butterstullen dabei und wanderten an jenem sonnigen Morgen singend hinaus ins Grüne. Um 10 Uhr wurde Rast gemacht. Als sie gegessen hatten, setzten sie sich um Alkuin herum und fragten ihn, ob er nicht noch eine so schöne Geschichte wisse wie die von seiner Überfahrt mit dem Wolf, der Geiß und dem Krautkopf.
Alkuin, der als echter Lehrer immer das kurzweilige Vergnügen mit einer langweiligen Belehrung zu verbinden wußte, hub an und erzählte ihnen

Die Geschichte von Kolumbus und seinen Gefährten
»Kolumbus«, begann er, »ist jener Mann in der Weltgeschichte, der die Erde zu einer Kugel gemacht und damit viel Unfrieden gestiftet hat. Vordem war sie eine ebene Scheibe, auf der die Menschen sicher stehen und einen friedlichen Horizont um sich bauen konnten. Darin wuchsen sie auf, lebten und starben ohne allzu große Störungen an Leib und Seele, denn er hielt die rauhen Winde, die nun einmal über die Erde fahren, wie eine dicke Bretterwand ab. Kolumbus aber, ein Mensch von dunkler Herkunft, hatte den Gedanken des Satans. Er machte die Erde kugelrund, so daß alles ins Rutschen kam, der Horizont und die Menschen. Diese benahmen sich dabei wie immer: Die einen lächelten und glaubten nicht daran, die anderen schrien und klammerten sich an ihren behaglichen Zaun. Kolumbus aber setzte sich in ein Schiff, fuhr übers Meer gen Westen und entdeckte als ewigen Stein des Anstoßes Amerika. Dort ist ihm dann folgendes geschehen:
In diesem Land Amerika wohnten schwarze Menschen, die noch einen Horizont hatten und sehr erstaunt waren, als Kolumbus mit seinen Gefährten darüberkletterte und sagte,

er wolle in das Innere ihres Landes, um Gold zu suchen. Denn wer die flüchtige Unruhe will, will sie auch immer in fester Gestalt; und das ist das Gold.
Er mietete sich drei schwarze Träger und machte sich mit zwei Gefährten auf den Weg. Die Schwarzen aber haßten die drei Weißen und beschlossen, *sie niederzumachen, wenn sie selbst im gegebenen Augenblicke in der Überzahl wären,* also wenn einer der Weißen vielleicht einmal abseits in den Busch ginge oder so und sie dann zu *dritt* mit den *zweien,* oder wenn sie zu *zweit* mit *einem* von den Weißen zusammen wären.
Zum Glück oder Unglück, das kann man in der Weltgeschichte nie feststellen, belauschte aber Kolumbus ihre Abmachung, erzählte sie seinen Gefährten, und von da an gaben sie acht, daß sie immer beisammenblieben. Fortjagen konnten sie die Schwarzen auch nicht, weil diese ja ihre schweren Rucksäcke trugen.
Nun wäre alles gut gegangen, wenn sie nicht eines Abends an einen breiten Fluß gekommen wären, den sie überqueren mußten. Mit vieler Mühe bauten sie ein Floß, aber als es fertig war, merkten sie zu ihrem Schreck, *daß es nur zwei Mann trug.* Wäre Kolumbus zuerst mit *einem* Gefährten hinübergefahren, dann hätte einer ja wieder das Floß zurückrudern müssen und wäre dann mit dem anderen zu *zweit* bei den *drei* Schwarzen gewesen. Konnte Kolumbus also mit dem Floß überhaupt hinüberkommen, ohne daß einmal die Schwarzen in der Überzahl waren? Das war die Frage.
Kolumbus begann nachzudenken. Gott ist barmherzig und erleuchtet auch *die* von Zeit zu Zeit, die viel Unheil unter die Menschen bringen. Er erinnerte Kolumbus an seine Streichhölzer im Rucksack. Dieser kramte sie heraus, nahm drei *ganze* Streichhölzer für die Weißen und drei *halbe* für die Schwarzen und begann, sie auf der Schachtel als Floß im Sand hinüber- und herüberzufahren. Endlich hatte er die Lösung.
Da sagte er: ›Jetzt steigst du ein und du‹, legte sie in Streichhölzern auf seine Schachtel, und wenn das wirkliche Floß abstieß, fuhr auch er mit seiner Schachtel über den Sand.

Und, Ehre und Lob sei Gott, er ließ sie alle heil hinüberkommen, auch den Kolumbus. *Kein einziges Mal waren die Schwarzen in der Überzahl.* Drüben fanden sie das Gold, erreichten dann wieder die Küste und kehrten nach Europa zurück.
Gott ließ sie auch auf dem Meer dorthin nicht untergehen, trotz Gold und eingerissenem Horizont, die sie mit herüberbrachten. Denn diese beiden pflanzten sich, fortzeugend immer Böses gebärend, von Europa aus über die ganze Erde fort und ergriffen alle Menschen, die von nun an nur noch mit haltlosen, gierigen Augen leben und sterben können. Das Gold rollt über die Erde, und diese selbst ist ins Rollen gekommen, seitdem sie sich wie ein verletzter Igel zusammengekugelt hat.
Uns aber, liebe Schüler«, so schloß Alkuin seine Geschichte, »uns laßt nun ebenfalls mit Streichhölzchen versuchen, ob uns der Geist auch so erleuchtet, wie er einst Kolumbus erleuchtet hat, damit auch wir ohne Schaden hinüberkommen.« –
Alle versuchten es wieder und wieder, bis es gelang, und es war eitel Kurzweil im Walde bis in die Dämmerung. Als sie schließlich aufbrachen und nach Aachen zurückkehrten, dankten sie ihrem Lehrer Alkuin für den herrlichen Schulspaziergang an Kaiser Karls Geburtstag.
Alkuin aber, seines Lehrertums eingedenk, benutzte auch hier wie stets die »Gelegenheit« und sagte:
»Liebe Schüler, erkennet den Sinn:
Jeder von uns ist auf Fahrt, und ein Schwarzer trägt ihm den Rucksack. Wachet, damit ihr dem Schwarzen nicht in die Hände fallet, und betet, daß ihr in der wichtigen Stunde ein himmlisches Streichholz zur Hand habt, das euch erleuchtet zur großen Überfahrt.«
Lösung Seite 103

Gib acht auf den zweiten Wolf!

Es waren einmal ein König und eine Königin, die hatten zwei Kinder, einen Sohn und eine Tochter. Und als die Königin an einer schweren Krankheit gestorben war, wollte der König seinen Kindern eine Mutter geben und vermählte sich wieder. Die neue Königin war sehr klug, aber sie war nicht gut, und die Kinder fürchteten sich vor ihr. Aus Schmerz darüber siechte der König hin. Als er gestorben war, übernahm die Stiefmutter die Herrschaft und regierte über das Land.

Der Königssohn wuchs heran zu einem schönen Jüngling. Er war heiter und freundlich, wie der Vater gewesen war, und die Leute hatten ihn gern und freuten sich auf den Tag, an dem er ihr König werden sollte. Die Königstochter besaß all die Anmut ihrer toten Mutter, und die Leute liebten sie und dachten an die alten guten Zeiten.

Eines Tages war der Königssohn verschwunden. Die Stiefmutter ließ im ganzen Lande forschen, man suchte in den Städten und suchte in den Wäldern, aber der Königssohn blieb verschwunden. Da raunten die Leute untereinander, die einen, er sei umgebracht, die anderen, er sei verzaubert worden, und wenn die Stiefmutter an ihnen vorbeifuhr, grüßten sie scheu und blickten zur Erde.

Der Königssohn blieb verschwunden. Die Kunde aber von der Schönheit seiner Schwester ging weit über die Lande und zog die Freier herbei. Weil aber die Stiefmutter ihre Herrschaft nicht abtreten wollte, ließ sie überall verkünden: Nur dem könne sie ihre Stieftochter zur Frau geben, er sei wer er wolle, der die drei Aufgaben löse, die sie ihm stelle. Wer sie aber nicht löse, der leide Schaden an Leib und Leben. Die Königstochter erfuhr davon nichts, denn seit ihr Bruder verschwunden war, saß sie eingeschlossen im hohen Turm des Schlosses, und niemand konnte mit ihr sprechen.

Die Leute schüttelten die Köpfe. Sie kannten die Bosheit der Stiefmutter und dachten sich, die Aufgaben seien viel zu schwer, als daß sie einer von ihnen lösen könne. Und wirklich zogen auch nur Fremde zum Schloß hinauf, um ihr Glück zu versuchen, und noch keiner war heil zurückgekommen. Denen, die am ersten Tag nach der ersten Aufgabe das Schloß verließen, war von Wölfen die rechte Hand abgerissen. Die nach dem zweiten Tag kamen, waren ausgepeitscht worden und hatten die Sprache verloren. Von denen aber, die heil die beiden ersten Tage bestanden hatten und voll Hoffnung am dritten Tag zur dritten Aufgabe hinaufgewandert waren, war überhaupt keiner mehr zurückgekehrt. Die Leute nahmen Anteil an allem, was sich auf dem Schloß zutrug, und hatten die Bewerber genau gezählt, es waren fünfzehn. Seitdem hatte sich niemand mehr auf das Schloß hinaufgewagt.

Nun lebte ein alter Schäfer, der dem König über den Tod hinaus in Treue ergeben war. Er hatte einen Sohn, der am gleichen Tag wie der verschwundene Königssohn geboren war. Der Schäfer war ein stiller Mann, er kannte die Pflanzen, die heilen und die den Tod bringen, er wußte viel von den Tieren und noch mehr von den Menschen. Und er konnte den Königssohn nicht vergessen.

Eines Tages sagte er zu seinem Sohn: »Mache dich auf nach dem Schloß.«

»Und wenn ich die Aufgaben nicht löse?«

»Fürchte dich nicht, aber sei klug.«

Da packte der Schäfersohn seinen Ranzen, nahm Abschied von seinem Vater, von seiner Herde und seinen Hunden und machte sich auf den Weg. Nachts schlief er unter freiem Himmel, wie er es im Sommer immer bei seinen Tieren tat.

So wanderte er einige Tage. Eines Morgens, gerade als er zum erstenmal in der Ferne das Schloß auf dem Berge erblickte, hörte er ein Tier vor Schmerzen wimmern. Er drang durch das Dickicht und fand einen armen Hund mit Wunden bedeckt, aus denen das Blut rann.

»Was ist mit dir geschehen?« fragte der Schäfersohn und beugte sich aus Mitleid über das Tier.

»Die Wölfe vom Schloß waren über mir«, klagte der Hund, »aber diesmal bin ich ihnen noch entkommen.«
»Die Wölfe vom Schloß?«
Aber der Hund antwortete nicht, sondern wimmerte vor Schmerz.
Da kniete der Schäfersohn nieder, holte aus seinem Ranzen die Heilsalbe heraus, die ihm der Vater mitgegeben hatte, bestrich die Wunden und tröstete ihn: »Bald hören sie auf zu schmerzen, und in wenigen Tagen heilen sie. Wenn du hier auf mich wartest, bis ich vom Schloß zurückkomme, nehme ich dich mit zu meinen Schafen, wenn du willst.«
»Aufs Schloß willst du?«
»Ja, die drei Aufgaben lösen.«
»Weißt du, daß schon viele dort oben gewesen sind, um es zu versuchen?«
»Ich weiß es wohl, aber ich fürchte mich nicht.«
»In der ersten Aufgabe lauern die Wölfe auf dich. Sowie du den ersten falschen Zug machst, fallen sie über dich her und reißen dir die rechte Hand ab. Wenn du die erste Aufgabe lösest, aber die zweite nicht, so wirst du aus dem Schloß gepeitscht, daß du die Sprache verlierst und stumm bist. Wenn du aber beide lösest und die dritte nicht, dann kommst du nicht wieder.«
»Töten sie mich?«
»Nein, sie töten dich nicht, aber du bist so gut wie tot.«
Der Schäfersohn überlegte eine Weile und sagte dann: »Ich gehe dennoch.«
Da wedelte der Hund mit dem Schwanz, als freue er sich, und sagte:
»Gut, weil du Mut hast, so will ich dir helfen.«
»Kennst du denn die Aufgaben?«
»Ja, ich kenne auch die Lösungen. Aber seit der Königssohn verschwunden ist, liegt ein Zauber über dem Schloß, und nur wer die drei Aufgaben löst, kann auch den Zauber brechen. Helfe ich dir zuviel, so rühre ich an den Zauber, und dann wird er nicht gebrochen, auch wenn du die Aufgaben richtig lösest und heil zurückkommst. Bedenke dich, du kannst noch umkehren.«

»Ich kehre nicht um«, antwortete der Schäfersohn, »auch wenn es ein Zauber ist.«
»So höre denn für die erste Aufgabe: Wenn du bei den Schafen beginnst, *gib acht auf den zweiten Wolf!* Hast du sie dann gelöst, und die Wölfe sind nicht über dich hergefallen, so findest du mich morgen früh hier an derselben Stelle. Leb wohl!«
»Danke, leb wohl auch du!« Und der Schäfersohn warf seinen Ranzen über den Buckel und blickte dem Hund nach, wie er sich mühsam tiefer in den Wald hineinschleppte. Dann machte er sich wohlgemut und voll Erwartung auf den Weg zum Schloß. Am Tor fragte ihn die Wache nach seinem Begehr. »Ich will die Aufgaben lösen.« Da mußte er eine Zeitlang warten, und dann kam der Marschall, führte ihn in einen langen Stall und erklärte ihm

Die erste Aufgabe
»Hier in diesem Stall sind 7 Stände (1 . . . 7) nebeneinander. In den drei linken (1 2 3) siehst du jeweils ein Schaf, in den drei rechten (5 6 7) einen Wolf. Der Mittelstand (4) ist leer. Die Tiere sind sich feind. Du sollst die Schafe in die Stände nach rechts und die Wölfe in die Stände nach links schaffen, ohne daß ein Schaf von den Wölfen angefallen wird. Aber höre: Die Schafe gehen *nur* nach rechts, die Wölfe *nur* nach links; jedes Tier geht nur in einen *leeren* Stand; und es geht nur in den *nächsten,* wenn er leer ist. Ist er aber von einem feindlichen Tier besetzt, zum Beispiel von einem Wolf, dann darfst du das Schaf, das du gerade führst, auch in den *übernächsten* Stand einstellen. Höre genau: Du darfst also (mit einem Schaf oder mit einem Wolf) einen Stand, aber nur *einen* überspringen, wenn der unmittelbar nächste von einem Tier der anderen Art (von einem Wolf oder von einem Schaf) besetzt ist.
Merk es wohl. Solange du die Wölfe richtig führst, sind sie zahm. Aber beim ersten Fehler hast du verspielt, und sie fallen über dich her.
Und noch eins: Bis Sonnenuntergang müssen die Tiere vertauscht sein.«
Dann verließ ihn der Marschall und riegelte hinter sich ab.

Nun stand der Schäfersohn allein vor den 7 Ställen. Da fielen ihm die Worte des Hundes ein: »Wenn du bei den Schafen beginnst –«, und so begann er bei den Schafen: Er führte das dritte in den leeren Mittelstand (4) und den ersten Wolf (5) nach (3), und der Wolf biß ihn nicht. Aber dann mußte er überlegen: Sollte er nun das Schaf (4) oder den Wolf (2) führen? »– gib acht auf den zweiten Wolf!«, – hier also mußte er aufpassen. Er überlegte lange und führte im Geist die Schafe und die Wölfe. Und dann tat er bedächtig Zug um Zug, und als die Sonne sich neigte, hatten die Tiere die Ställe gewechselt, und kein Wolf hatte ihn gebissen.

Da kam der Marschall herein und sagte: »Die erste Aufgabe hast du gelöst. Morgen stehst du vor der zweiten. Bis dahin kannst du im Schloß schlafen.«

»Ich komme wieder«, entgegnete der Schäfersohn, nahm seinen Ranzen auf, schritt durchs Tor hinunter in den Wald, machte sich ein Lager und schlief unter freiem Himmel wie daheim bei seiner Herde.

Früh am nächsten Morgen begab er sich an die Stelle, wo er gestern den Hund getroffen hatte. Der saß schon da und wedelte mit dem Schwanz. Der Schäfersohn besah seine Wunden, die schon zu heilen anfingen, und salbte sie noch einmal.

»Nun, die erste Aufgabe hast du gelöst.«

»Ja«, erzählte der Schäfersohn, »hättest du mir nicht geraten, so hätte ich vielleicht beim zweiten Wolf einen Fehler gemacht. So aber gab ich acht, und die Wölfe bissen mich nicht.«

»Sei auch heute *beim zweiten Umfüllen so auf der Hut wie gestern!«* Denn das war

Die zweite Aufgabe,

die der Marschall dem Schäfersohn an diesem Tag stellte. Er führte ihn in den Weinkeller, vor ein großes Gefäß:

»Hier in dieser großen Kanne sind 8 Maß köstlichen Weines. Die Königin will die Hälfte davon verschenken. Zum Umfüllen sind aber nur zwei Krüge da, der eine zu 5 und der andere zu 3 Maß. Wenn es dir gelingt, durch Hin- und Her-

füllen in diese drei Krüge den Wein zu teilen, so daß sich am Ende in den beiden größeren je 4 Maß befinden, dann bist du frei. Aber höre: Machst du nur einen falschen Zug, dann zerbricht der Krug, in den du gerade füllst, und der kostbare Wein geht verloren. Dann wirst du mit Peitschen aus dem Schloß gejagt.
Und noch eins: Bis Sonnenuntergang mußt du die Aufgabe gelöst haben.«
Dann ging der Marschall und schob an der Kellertür den schweren Riegel vor.

Und so war der Schäfersohn allein in dem riesigen Keller, in dem Faß an Faß lag. Nur vor ihm war ein wenig Platz, und da standen die drei Krüge, der große zu 8 Maß voll und die beiden leeren zu 5 und 3 Maß.
Er überlegte eine Weile, dann begann er. Er goß den Wein aus dem großen Krug in die kleineren und dann wieder zurück und so hin und her, und kein Krug zersprang dabei. Und noch stand die Sonne hoch am Himmel, als er die Aufgabe gelöst und den Wein geteilt hatte, so daß in dem großen und in dem mittleren Krug je 4 Maß Wein waren.
Der Marschall öffnete die schwere Kellertür, kam herein und sagte: »Wenn du willst, kannst du diese Nacht im Schloß schlafen.«
Der Schäfersohn aber nahm wieder seinen Ranzen auf den Buckel, ging hinunter in den Wald und schlief unter freiem Himmel.
Früh am nächsten Morgen begab er sich zuerst wieder an die Stelle, um den Hund zu treffen.
»Heute hast du die schwerste Aufgabe vor dir. Fehlst du, so ist alles verloren. Lösest du sie aber, dann wird der Zauber gebrochen, der über dem Schloß liegt. *Darum schneide dir, ehe du hinaufgehst, 30 fingerlange Hölzchen.* Du wirst sie brauchen.«
Der Schäfersohn bedankte sich für den Rat, schnitt sich die Hölzchen, verbarg sie in seinem Ranzen und begab sich hinauf aufs Schloß.

Dort führte ihn der Marschall in einen großen Saal. Als der Schäfersohn sich an das Dämmerlicht gewöhnt hatte, erkannte er eine Menge Tiere, aber alle aus Stein, aus weißem und schwarzem Stein, die dort durcheinander standen, und keins war größer als fünf Spannen. Da stellte ihm der Marschall

Die dritte Aufgabe

»Du siehst hier weiße und schwarze Tiere, von jeder Art 15, wenn zu zählst. Wie du siehst, sind die weißen gute Tiere: Pferde, Hunde, Katzen, die schwarzen aber böse Tiere: Wölfe, Ratten, Nattern. Eben stehen sie durcheinander, du aber sollst sie scheiden in weiße und schwarze. Da aber ein Zauber auf ihnen liegt, kannst du sie nicht einfach trennen, sondern nur auf diese Weise:

Ordne sie im Kreise so, daß, von einem bestimmten Tier angefangen, beim Abzählen jedes *neunte* ein schwarzes Tier ist. Dann kann es den Kreis verlassen. Ich komme und zähle sie aus, immer bis 9; nach jedem 9. beginne ich beim folgenden wieder mit 1 und zähle bis 9. Gelingt es dir, sie so aufzustellen, daß ich mit jedem 9. immer ein schwarzes Tier auszähle und so alle schwarzen von den weißen Tieren scheide, so hast du die Aufgabe gelöst – wenn nicht, so wirst du selbst zu Stein und in ein schwarzes Tier verwandelt.

Und noch eins: Bis Sonnenuntergang mußt du den Kreis aufgestellt haben.«

Der Marschall ging und schloß den Saal hinter sich ab.

So stand nun der Schäfersohn unter den 30 Tieren aus Stein ratlos und wußte nicht, wie beginnen. Immer das 9. mußte ein schwarzes Tier sein, dann fiel es aus dem Kreis heraus, so daß am Ende nur noch die 15 weißen darin standen – immer das 9., wie sollte er das anfangen?

Da fielen ihm plötzlich die 30 Hölzchen ein, die er sich auf den Rat des Hundes geschnitten hatte. Er zog sie aus dem Ranzen, legte sie auf den Boden und begann zu zählen von 1 bis 9, und jedesmal beim 9. – kurz, auf diese Weise fand er

heraus, wie er die schwarzen Tiere unter den weißen im Kreise anordnen müsse, damit sie durch Auszählen bis 9 in 15 schwarze und in 15 weiße Tiere geschieden wurden.
Und noch ehe die Sonne unterging, kam der Marschall: »Wo soll ich zu zählen beginnen?«
»Hier«, sagte der Schäfersohn und zeigte auf den Anfang. Und dann zählte der Marschall 1 2 3 4 5 6 7 8 9 – und rückte das 9. Tier, es war ein schwarzes, aus dem Kreis hinaus. Dann zählte er weiter: 1 2 3 . . . 7 8 9, wieder war das 9. Tier schwarz und konnte aus dem Kreis geschoben werden. Und der Marschall zählte weiter: 1 2 . . . 9, und das 3., und dann das 4., 5., . . . und schließlich das 13. und 14. schwarze Tier verließ den Kreis. Und nun mußte der Marschall nur noch einmal abzählen: 1 2 3 4 5 6 7 8 – 9, es war ein schwarzes Tier! Und als er das 15. aus dem Kreis hinausschob –
– da ging ein Aufatmen durch das ganze Schloß, die Starre löste sich und siehe, die 15 weißen Tiere verwandelten sich in Ritter und die 15 schwarzen Tiere in die 15 Freier, die an der dritten Aufgabe gescheitert und verzaubert worden waren.
Und plötzlich klang Musik durch den Raum, die Türen zum Saal sprangen auf, und in feierlichem Zuge führte der verschwundene Königssohn seine Schwester über die Schwelle. Und die 15 Ritter beugten das Knie, als sie ihren geliebten Herrn wiedersahen, dem sie die Treue gehalten hatten und dafür in Stein verwandelt worden waren.
Der junge König ging auf den Schäfersohn zu, der in der Mitte des Saales stand und von alledem nichts begriff:
»Du hast die drei Aufgaben gelöst und den Zauber von uns allen genommen. Darum gebührt dir die Hand meiner Schwester. Werde ihr ein guter Gemahl!«
Da wehrte der Schäfersohn: »Nein, Herr König, mir gebührt kein Preis, denn ich habe die Aufgaben nicht allein gelöst. Wäre nicht ein Hund vorm Schlosse gewesen, dann hätte wohl auch ich gefehlt. Darum bitte ich euch, laßt mich gehen.«
Da lächelte der junge König: »Was dir der Hund geholfen hat, das war wenig, und er tat es aus Dank dafür, daß du

ihm die Wunden geheilt hast. Höre: Darum sind wir quitt. Was ich dir vorm Schloß geraten habe, mindert nicht deine Klugheit!«

Da erkannte er, daß er dem jungen Königssohn geholfen hatte, der von seiner Stiefmutter in einen Hund verwandelt und von ihren Wölfen angefallen worden war. So willigte er denn in die Vermählung mit der Königstochter ein, und sie wurden ein glückliches Paar.

Die Stiefmutter aber war verschwunden und ward nie mehr gesehen.

Lösung Seite 107

Lösungen und Anmerkungen

... sind das nicht immer: Lösungen! Und wenn eine Aufgabe im Rechnen aufgeht, so muß sie das darum noch lange nicht im Leben tun. Die folgenden »Lösungen« werden das lehren. Sie lehren aber auch, daß in den Zahlen die geheimnisvolle Kraft steckt, Vorgänge, die im Leben wirr aussehen und sich hoffnungslos zu verwickeln scheinen, sicher und manchmal mit leichter Hand zu entwirren, zu ordnen, zu klären. Darum ist es nicht so, wie Zahlenfeinde meinen, daß Zahl und Leben gegeneinander stehen wie Feuer und Wasser, sondern so, daß sie nebeneinander bestehen und keins von beiden zu entbehren ist – auch wie Feuer und Wasser, ja, wer tiefer zu schauen vermag und *unter* die runzelige Haut unserer Welt, erkennt mit einem freudigen Aufatmen, daß Zahl und Leben und Leben und Zahl sogar füreinander sind – auch wie Feuer und Wasser.

Ali Baba und die 39 Kamele

Ali Baba hat 39 Kamele. Die Bruchteile davon, die Hälfte, ein Viertel, ein Achtel, ein Zehntel, sind keine *ganzen* Zahlen. Stellt aber Ibn Musa sein weißes Kamel als 40. dazu, dann »geht« die Teilung plötzlich:

$$\begin{array}{rrrr} 40: & 2 & = & 20 \\ : & 4 & = & 10 \\ : & 8 & = & 5 \\ : & 10 & = & \underline{4} \\ & & & 39 \end{array}$$

Daß die Summe der Ergebnisse gerade 39 ergibt, daß also die Teilung aufgeht und kein Kamel übrigbleibt, verblüfft dich so, daß du darüber die Falschheit der verlangten Teilung gar nicht merkst: 20 ist natürlich *nicht* die Hälfte von 39, usw.

Dahinter kam nach vielen Jahren Ali, der älteste von den Söhnen Ali Babas, der die Hälfte der Kamele geerbt hatte: »20 ist von 39 nicht die Hälfte, 20 ist mehr als sie, also ist die Teilung ungerecht –«, und sein Gewissen begann ihn zu quälen Tag und Nacht.

Da hörte er, als er mit seinen Kamelen unterwegs in fernem Land war, von Abu Jafar dem Rechner, von dem sie sagten, er kenne sich aus in Zahlen und Testamenten. Ali ging zu ihm und erzählte ihm die Geschichte von Ali Baba und den 39 Kamelen, wie Ibn Musa sie nach dem Wunsche des Vaters geteilt habe mit seinem weißen Kamel, und daß ihn sein Gewissen quäle Tag und Nacht, weil die Teilung doch nicht richtig sei.

Abu Jafar dachte eine Weile nach. Dann sagte er: »Ibn Musas Teilung ist richtig.«

»Ibn Musa ist ein weiser Mann, aber die Hälfte von 39 ist nicht 20«, entgegnete Ali.

Abu Jafar beharrte: »Ibn Musas Teilung ist richtig. Sieh her, ich frage die Zahlen und rechne nun *genau:*

39 Kamele waren das Vermächtnis deines Vaters. Dein Anteil sollte sein die Hälfte davon, also $^{39}/_{2}$, die Anteile deiner Geschwister je $^{1}/_{4}$, $^{1}/_{8}$, $^{1}/_{10}$ davon. Also bekommt ihr zusammen die Summe

$$S_1 = \frac{39}{2} + \frac{39}{4} + \frac{39}{8} + \frac{39}{10} = 39\left(\frac{1}{2} + \frac{1}{4} + \frac{1}{8} + \frac{1}{10}\right) = \frac{39 \cdot 39}{40}$$

$$\left(\text{oder} = \frac{39^2}{40}\right.$$

wie die Mathematiker kürzer schreiben, weil sie nicht mehr soviel Zeit haben wie Abu Jafar). Dann aber bleibt ein *Rest,* nämlich

$$R_1 = 39 - S_1 = 39 - \frac{39^2}{40} = \frac{39}{40} \text{ Kamele}$$

Was würdest du mit diesem Rest machen, Ali?«

»Wenn es ein Rest ist vom Vermögen des Vaters, dann muß auch er geteilt werden nach seinem Wunsche: ich bekomme die Hälfte, die andern je $^{1}/_{4}$, $^{1}/_{8}$ und $^{1}/_{10}$ davon.«

»Du sprichst klug«, sagte Abu Jafar, »der Rest muß ebenso geteilt werden, also erhältst du seine Hälfte $^{1}/_{2} \cdot {}^{39}/_{40}$ ($= \frac{1}{2} R_1$), und die andern erhalten entsprechend ihre Anteile. Das macht zusammen die Summe

$$S_2 = \frac{1}{2}R_1 + \frac{1}{4}R_1 + \frac{1}{8}R_1 + \frac{1}{10}R_1 = \frac{39}{40}R_1 = \frac{39}{40} \cdot \frac{39}{40} = \frac{39^2}{40^2}$$

Dann aber bleibt wieder ein Rest, nämlich

$$R_2 = R_1 - S_2 = \frac{39}{40} - \frac{39^2}{40^2} = \frac{39 \cdot 40 - 39^2}{40^2} = \frac{39(40 - 39)}{40^2} = \frac{39}{40^2}$$

Und wieder frage ich dich, Sohn des Ali Baba, was soll mit *diesem* Rest geschehen?«

»Wenn es ein Rest ist vom Vermögen des Vaters, dann muß auch er geteilt werden nach seinem Wunsche: mir die Hälfte von ihm und den andern jeweils ihr Teil.«

»Du sprichst klug«, erwiderte Abu Jafar, »dann bekommst

du also die Hälfte von $^{39}/_{40}{}^2$, das ist $\frac{1}{2} \cdot {}^{39}/_{40}{}^2$ (= $\frac{1}{2}$ R_2), und all eure Anteile machen zusammen aus die Summe

$$S_3 = \frac{1}{2}R_2 + \frac{1}{4}R_2 + \frac{1}{8}R_2 + \frac{1}{10}R_2 = \frac{39}{40}R_2 = \frac{39^2}{40^3}$$

Und wieder bleibt ein Rest, nämlich

$$R_3 = R_2 - S_3 = \frac{39}{40^2} - \frac{39^2}{40^3} = \frac{39 \cdot 40 - 39^2}{40^3} = \frac{39}{40^3}$$

Und so, Ali, wird es immer eine Summe geben, und immer wird ein Rest bleiben.«

»Immer?«

»Ja, immer, wenn du teilst nach dem Wunsche Ali Babas, deines Vaters.«

»Dann geht ja die Teilung nie auf?«

»Nie, und wenn du soviel Male teilst, wie die Wüste Sandkörner hat.«

»Wenn aber die Teilung unmöglich ist«, rief Ali verzweifelt, »dann ist ja mein Erbe unrecht, und auch das meiner Geschwister ist nicht gerecht!«

Da lächelte Abu Jafar und sagte: »Klein ist der Geist der Menschen, aber groß sind die Wunder Allahs. Höre denn, Sohn Ali Babas: Wenn du alle deine Anteile zusammenzählst, die Hälfte von 39, dann die Hälfte vom ersten Rest R_1, vom zweiten R_2, vom dritten R_3 usf. – Allah muß es für dich tun, weil du nie damit zu Ende kämst –, also

$$\frac{1}{2}\left(39 + \frac{39}{40} + \frac{39}{40^2} + \frac{39}{40^3} + \ldots\right) \qquad \text{(A)}$$

$$= \frac{1}{2}\,(39 + 0{,}975\,000 + 0{,}024\,375 + 0{,}000\,609 + \ldots)$$

$$= \frac{1}{2}\,(39 + 0{,}999\,984 + \ldots) \approx 20$$

so ergeben diese *unendlich vielen* Anteile gerade – *deine 20 Kamele!«*

»20 Kamele?«

»Ja, Ali, 20 Kamele! Genau so viele, *wie Ibn Musa dir ohne Zahlen und nur mit seinem weißen Kamel zugeteilt hat.*«
Ali schwieg betroffen. Er dachte nach, und erst nach einer langen Weile fragte er: »Dann ist Ibn Musas Teilung *ohne* Zahlen ein Wunder, Abu Jafar?«
»Alle Weisheit ist ein Wunder, denn sie ist ein Geschenk Allahs.«
»Sind auch deine Zahlen sein Geschenk?«
»Auch sie sind es, und also sind auch sie wunderbar. Denn sie *lehren* dich die Wahrheit, wenn du sie der Weisheit nicht *glauben* willst. Nun kannst du also wählen, Ali: die Zahlen verstehen mit deinem Kopf – oder der Weisheit glauben mit deinem Herzen.«
Ali besann sich eine Weile, die Zahlen verstehen mit dem Kopf –: »Ich will lieber der Weisheit glauben mit dem Herzen.«
»Aber *daß* du es kannst, verdankst du meinen Zahlen, das solltest du nicht vergessen, Ali.«
»Verdanke ich deinen Zahlen, Abu Jafar – Allah segne sie dir!«
Und Ali kehrte in das Lager zurück zu seinen 20 Kamelen und machte sich mit ihnen auf den Heimweg, in der Seele nun die Freude über ihren gerechten Besitz und den Frieden einer Weisheit, die sogar von den Zahlen bewiesen war; auch wenn er nicht verstanden hatte, daß alle seine unendlich vielen Anteile (Gleichung A) zusammen 20 Kamele ausmachten. Wie hätte er auch verstehen sollen, daß sie eine unendlich fallende geometrische Reihe bilden vom Wert

$$\frac{1}{2} \cdot \frac{39 \cdot 40}{39} = 20$$

(Und so wie sein Anteil richtig war, waren richtig auch die Anteile seiner Geschwister.)
Er überlegte vielmehr auf dem Wege: Wenn Ali Baba nicht 39, sondern 17 oder 59 Kamele hinterlassen hätte, wie hätte er sie an seine Kinder verteilen müssen, damit auch hier wieder Ibn Musa mit dem weißen Kamel seinen Wunsch hätte erfüllen können?

Ringsum 11

Der Herr stellt das 1. Kellerquadrat mit der Seite 1 – 9 – 1 auf, die also viermal vorkommt. Du zeichnest dir am besten die vollständigen Quadrate wie das auf S. 15; wir machen es hier kürzer:

1.	Quadrat	1 – 9 – 1	1.	Abstaubung:	4	Flaschen
2.	„	2 – 7 – 2	2.	„	4	„
3.	„	3 – 5 – 3	3.	„	4	„
4.	„	4 – 3 – 4	4.	„	4	„
5.	„	5 – 1 – 5	5.	„	2	„
6.	„	6 – 5				

Ergebnis: Für 5 Abstaubungen 18 Flaschen Burgunder, fürwahr eine wohlgelohnte Tätigkeit!
Worin liegt das Verblüffende, dem auch der Herr verfällt?
Darin, daß eine »Gesetzmäßigkeit«, nämlich die Hexenregel »Ringsum 11« erhalten bleibt, obgleich ihre »Grundlagen« dauernd geändert werden: Man *zählt* doch die Flaschen zwar in Bündeln zu je 11, aber stets in derselben Weise, obwohl ihre *Anzahl* fünfmal vermindert wird, im ganzen sogar um 18 Stück!
Worin liegt die Lösung?
Darin, daß jede Eckzahl *doppelt* gezählt wird. Die Eckzahl *B* 2 (S. 16) zählt mit in der Seite *AB* und in der Seite *BC*. Wird sie daher größer, und das erreicht ja Franz durch die Umstellung, so *müssen* die Mittelzahlen kleiner werden, um die Hexenregel »Ringsum 11« nicht zu stören. (Übrigens müßte sie eigentlich »Ringsherum *je* 11« heißen, aber Hexen kümmern sich nicht so genau um die Logik.)
Frage: Müssen es 40 Flaschen Burgunder sein?

Die Henkersleiter

Das schöne Spiel von Schnattershausen ist, wenn man erst sich einmal mit ihm angefreundet hat, außerordentlich reizvoll. Die Anfangsstellung der drei Steine ist beliebig. Sehr bald wirst du merken, wie gewisse Stellungen für einen Spieler *günstig* sind, andere *nicht*.
Wenn z. B. schon ein Stein über die Galgensprosse (1/0) geschoben ist, also nur noch *zwei* Steine im Spiel sind und diese zwei auf *demselben* Feld (etwa 3) stehen, so ist das für den Spieler A, der jetzt am Zug ist, eine Verluststellung: Er *muß* verlieren, wenn B aufpaßt. (Entsprechend ist sie eine Gewinnstellung für B, der sie dem Spieler A anbietet.) Denn zieht B auf 2, so rückt A nach, ebenfalls auf 2; dann kann B nur noch auf 1 oder über die Galgensprosse, und B kommt jedenfalls nach ihm darüber, hat also gewonnen. Es kommt daher bei dem Spiel darauf an, für sich eine Gewinnstellung zu schieben und sie dem Gegner anzubieten.
Sind aber nun noch *drei* Steine im Feld, so ist es schon sehr viel schwieriger, Gewinn- und Verluststellung zu erkennen. Den Zugang zu einer mathematischen *Kennzahl*, die angibt, ob eine Stellung eine Gewinn- oder Verluststellung ist, gewinnen wir über

Das Dreihaufenspiel,
das trotz seiner überraschenden Einfachheit sehr spannend ist und Scharfsinn erfordert: Eine beliebige Menge Steine (Streichhölzer, Knöpfe, Münzen), sagen wir 28, werden in drei beliebige Haufen von (etwa) 6, 8 und 14 Steinen aufgeteilt. Jeder der beiden Spieler A und B nimmt abwechselnd von einem beliebigen Haufen mindestens einen Stein, er kann aber auch den ganzen Haufen nehmen. Wer am Zug ist, *muß* ziehen und darf nur von *einem* Haufen nehmen.
Wir spielen es einmal, du und ich (Haufen I, II, III); I, 3 heißt, vom Haufen I werden 3 Steine weggenommen:

Zug	I	II	III	Kennzahl	G-, V-Stellung
anfangs	6	8	14	2220	(G für mich)
du I, 3	3	8	14	2121	V
ich III, 3	3	8	11	2022	G
du III, 4	3	8	7	1122	V
ich II, 4	3	4	7	222	G
du III, 6	3	4	1	112	V
ich II, 2	3	2	1	22	G
du I, 2	1	2	1	12	V
ich II, 2	1	–	1	2	G
du I, 1	–	–	1	1	V

ich III, 1 – und habe gewonnen!

Untersucht man das Spiel mathematisch, so findet man, daß es in ihm zwei Arten von Stellungen gibt, nämlich Gewinn- und Verluststellungen (G-, V-Stellungen). Lege *ich* dir eine G-Stellung vor, so muß *ich* gewinnen, solange ich ›richtig‹ spiele; sie ist für dich eine V-Stellung. Wenn du beginnst, ist z. B. die Ausgangsstellung (6 8 14), die dir gleichsam von mir vorgelegt wird, eine Gewinnstellung für mich. In der letzten Spalte steht die Art der Stellung jeweils für den betreffenden Spieler.

Nun unterliegen beide Stellungen diesem merkwürdigen Gesetz:

a) Aus einer G-Stellung wird durch einen Zug jedesmal *zwangsläufig* eine V-Stellung (G → V),
b) nicht aber aus einer V-Stellung zwangsläufig eine G-Stellung; vielmehr kann durch einen Zug *sowohl* eine G-Stellung *als auch* wieder eine V-Stellung hergestellt werden (V → G, oder → V). Das heißt also:

a) Wenn du einen Zug machst, z. B. den ersten zu (3 8 14), so ist das keine G-Stellung, sondern eine V-Stellung für dich; das ist sie aber auch für mich.
b) Ich kann sie aber durch meinen Zug wieder zu einer G-Stellung für mich verwandeln (etwa in 3 8 11). Ich kann aber auch, wenn ich nicht aufpasse, so ziehen, daß

sie für mich eine V-Stellung *bleibt,* zum Beispiel (3 8 10). Aus ihr könntest *du* dann etwa durch den Zug II, 1 die G-Stellung 2 8 10 *für dich* herstellen.

Also: Ich muß auch dann, wenn ich dir eben eine G-Stellung vorlege, die du durch deinen Zug zwangsläufig in eine V-Stellung für dich und für mich (!) verwandelst, dafür sorgen, daß sie für mich in eine G-Stellung umschlägt. Mißlingt mir das, dann kannst *du* nun gewinnen.

Nun fragst du: Woran erkennt man eine G- und eine V-Stellung? An der *Kennzahl,* die du so bestimmst:

1) Schreibe die drei Haufenzahlen (hier 6 8 14) in 2-gestufter Stellenschrift, d. h. zerlege jede Zahl in die Summe von (2-Potenzen)

$$2^4 = 16 \quad 2^3 = 8 \quad 2^2 = 4 \quad 2^1 = 2 \quad 2^0 = 1$$

und schreibe nur ihre Vorzahlen. Beispiel:

$$\begin{aligned} 25 &= 1 \cdot 16 + 1 \cdot 8 + 0 \cdot 4 + 0 \cdot 2 + 1 \\ &= 1 \qquad 1 \qquad 0 \qquad 0 \qquad 1 = 11001 \end{aligned}$$

Danach schreiben sich die ersten Haufenzahlen (6 8 14) als 2-Zahlen (lies: Zweier-Zahlen) so:

	8	4	2	1
6 =		1	1	0
8 =	1	0	0	0
14 =	1	1	1	0
Kennzahl	2	2	2	0

2) Die Summe 2220 dieser 2-Zahlen ist die Kennzahl der Stellung (6 8 10).

3) Sie ist eine G-Stellung, wenn ihre Kennzahl *nur* die Ziffern 2 und 0 (nicht 1 und 3) besitzt, andernfalls ist sie eine V-Stellung. In der vorletzten Spalte (oben S. 84) stehen die Kennzahlen der einzelnen Stellungen (rechne sie nach!).

Hier sind ein paar G-Stellungen:

1 2 3	2 4 6	3 4 7	4 8 12
1 4 5	2 5 7	3 5 6	4 9 13
1 6 7	2 8 10	3 8 11	4 10 14
1 8 9	2 9 11	3 9 10	4 11 15
1 10 11	2 12 14	3 12 15	
1 12 13	2 13 15	3 13 14	
1 14 15			

5 8 13	6 8 14	7 8 15
5 9 12	6 9 15	7 9 14
5 10 15	6 10 12	7 10 13
5 11 14	6 11 13	7 11 12

Merke noch: Bei Wegnahme eines ganzen Haufens ist die *Gleichheit* der beiden Resthaufen, etwa (0 4 4), stets eine Gewinnstellung für dich (warum?).

Kehren wir nun zur Henkersleiter zurück!
Wo du im Dreihaufenspiel drei Haufen hast, die eine Gewinnstellung bedeuten, hast du hier die drei Kreuzer in den Feldern der Henkersleiter, die du so benummern mußt, daß die Galgensprosse zwischen Feld 0 und 1 liegt (vgl. S. 30). Dann ist z. B. die Gewinnstellung (1 2 3) im Dreihaufenspiel auch eine für die Henkersleiter. Hätten also die drei Kreuzer in den Feldern 1, 2 und 3 gelegen, und Klau wäre an den Zug gekommen, so hätte er verloren.
Klau macht aus (6 4 3) die Gewinnstellung (2 4 6) für sich, wie du aus der Liste oben ersiehst. Aber dann macht er einen Fehler mit dem Zug 4 nach 3; denn wenn Krips darauf 3 nach 1 zöge, böte er Klau die Gewinnstellung (1 2 3) an, mit der dieser hätte verlieren und hängen müssen. Das tut er aber nicht, sondern zieht gedankenlos, aber schicksalsvoll 2 nach 0 und zündet durch diesen Fehler Klaus Lebenskerze wieder an. Womit also wieder einmal offenbar ist, daß Fehler auch ihr Gutes haben können.
Willst du daher, allerdings mit einem Quentchen Unehr-

lichkeit, die fette Bratwurst sicher gewinnen, so »korrigiere« das Glück und die Kreuzer auf die Felder 1, 2, 3 oder sonst in eine der Gewinnstellungen oben.
Macht dir die Sache Spaß, so füge in die Henkersleiter noch weitere Sprossen ein und untersuche dann »günstig« und »ungünstig«.
Geselle sich abschließend zu Henkersleiter und Dreihaufenspiel, die so reizvoll sind, weil sie den Geist mit so geringen Mitteln anregen,

Das Einhaufenspiel,
das noch einfacher ist:
Wir legen in die Mitte zwischen uns *einen* Haufen Steine, und nun ziehen wir abwechselnd du und ich davon mindestens *einen* und höchstens *sieben* (oder: und höchstens die Hälfte!) Steine weg. Wer den *letzten* bekommt, gewinnt.
Überlege, ob du *mir* auch hier bestimmte Haufenzahlen als G-Stellungen vorsetzen kannst, damit du sicher gewinnst und ich sicher verliere!

Zenon von Elea, der um 500 v. Chr. blühte, stellte in jener Zeit der griechischen Philosophie, die sich zum erstenmal in der Welt um die Erkenntnis von Sein und Erscheinung bemühte, jenen Trugschluß vom Wettlauf Achills und einer Schildkröte (griechisch: chelṓne) auf. Sein »Paradoxon« versetzt uns in der Tat wie Buridans Esel zwischen die Heuhaufen der Erfahrung und des Denkens, zwischen denen wir bei gesundem Menschenverstand verhungern können. Die gute alte Erfahrung sagt uns: Bei der 10fachen Geschwindigkeit holt Achill die 200 Meter Vorsprung in kurzer Zeit auf und die Schildkröte ein; unser zenonischer Verstand dagegen beweist uns »logisch« und rechthaberisch das Gegenteil, daß also die Schildkröte stets einen kleinen Vorsprung behalte.

Hören wir zunächst einmal seine Beweisführung. Am besten schieben wir den Wettlauf handgreiflich in Streichhölzchen mit.

Durchläuft Achill den »Vorsprung« A_0A_1 (vgl. S. 89), so die Schildkröte in der gleichen Zeit S_1S_2. Dieser Vorgang wiederholt sich immer wieder: Die 2. Wegstrecke A_1A_2 des Achill entspricht der 2. Wegstrecke S_2S_3 der Schildkröte ..., d. h. stets ist sie dem Achill voraus. Durch die größere Geschwindigkeit Achills wird zwar dieser Vorsprung immer kleiner, aber er *bleibt bestehen, wie lang auch beide laufen.* Also holt Achill die Schildkröte *nie* ein!

Ja, das scheint ganz in Ordnung, und die Erfahrung lehrt doch das Gegenteil. Wer hilft uns aus dieser Wirrnis?

Wenden wir uns in dieser Not an den Mathematiker, er ist eitel und daher stets hilfsbereit: Bitte, komme und befreie uns von Zenon!

Er kommt, hebt lächelnd seinen wichtigen Zeigefinger und beginnt: »Also denn

erstens: Das Fangeisen des Trugschlusses liegt im Begriff des *Unendlichen.*

Das werdet ihr ohne Erklärung nicht verstehen. Also denn

zweitens: Nehmt einmal an, Achill liefe mit Hektor um die Wette; beide liefen gleich schnell, und wieder gäbe Achill dem Hektor den Vorsprung von 200 Metern.

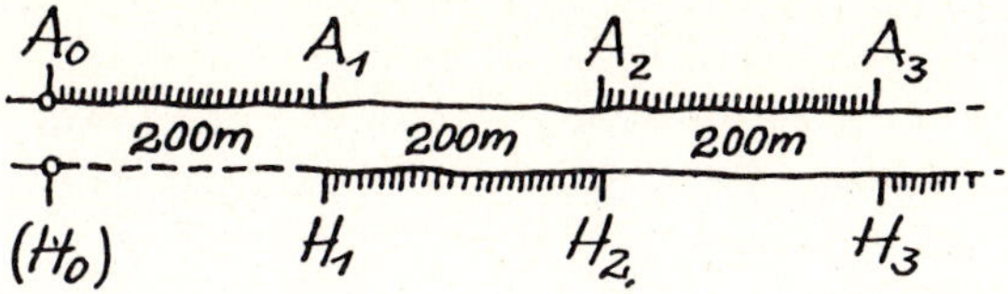

Nun, dann wäre Hektor dem Achill stets um *dieselbe* Strecke $A_0A_1 = H_1H_2 = H_2H_3 = \ldots = 200$ Meter voraus, weil Hektor das Stück H_2H_3 durchläuft, wenn Achill A_1A_2 hinter sich bringt: Achill in A_2 sieht Hektor in H_3. Hektor hat *ewig* den *gleichen* Vorsprung. »Ewig« heißt, wie lang auch beide laufen. Gut, also denn

drittens: Auch die Schildkröte hat anscheinend einen »ewigen« Vorsprung, aber, nun kommt das wichtige Aber: Dieser Vorsprung wird immer *kleiner!*
Ihr fragt: Ist denn das von solcher Bedeutung?
Ich antworte: Ja, und frage euch also denn

viertens: Wie lang ist der Weg des Hektor, wenn er »ewig« läuft? Nun, dann legt er *unendlich viele* gleiche Wegstrecken H_1H_2, H_2H_3, ... zurück, und das ergibt als Summe $200 + 200 + 200 + \ldots$ einen *unendlich langen Weg*. Habt ihr das verstanden?
Gut, also denn

fünftens: Nun paßt auf! Wie lang, meint ihr, wird der Gesamtweg, wenn die einzelnen Wegteile immer *kürzer* werden?«
Ja, wenn es unendlich viele sind, wenn sich also immer und immer noch welche anhängen, und das nie aufhört, dann meinen wir, die Summe aller Einzelwege könne sehr wohl ebenfalls einen *unendlich langen* Weg ergeben, einen Weg, der *nie* aufhört, auch wenn die einzelnen dazukommenden Wegstrecken immer kleiner werden.

»Seht, das meinte auch Zenon. Aber es ist nicht immer der Fall: Ein solcher Weg kann *aufhören,* also z. B. nur 2 km lang sein. Ich will noch ein Beispiel geben, weil ihr so ungläubig dreinschaut. Also denn

sechstens: Setzt an einen Weg *AC* von 1 km an die Hälfte *CD,* also ½ km, dann daran wieder die Hälfte *DE* davon, ¼ km, usw., also jede der folgenden Strecken sei die Hälfte der vorhergehenden. Malen wir's hin:

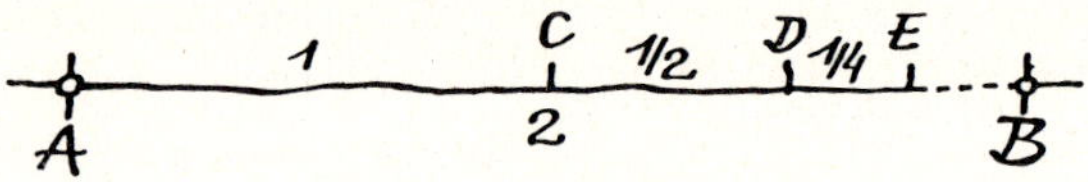

Von *A* bis *B* seien 2 km. Bis *E* sind es 1 + ½ + ¼ km. Nun müßt ihr von *EB* wieder die Hälfte nehmen, also die Mitte *F* von *EB;* dann vom Reststück wieder die Mitte ... usw. Wenn ihr das nun in alle Ewigkeit fortsetzt, wohin kommt ihr dann? Ich antworte selbst: Wir kommen beliebig dicht an *B* heran, so dicht, daß wir eigentlich in *B* sind.
Wie lang ist also der gesamte Weg, der sich aus den *unendlich* vielen Wegstrecken zusammensetzt? Nicht unendlich lang, sondern nicht länger als 2 km, ja »in der Grenze« *genau 2 km lang!*
Habt ihr das verstanden? Wenn nicht, dann müßt ihr das noch einmal durchdenken, es ist nicht schwer, nur ungewohnt.
Ergebnis also denn:
Die Summe von zwar unendlich vielen, aber abnehmenden Wegen *kann* (sie *muß* es nicht, aber glaubt mir das einmal ohne Beweis!) eine *endliche* Strecke sein. Im angeführten Beispiel ist sie trotz unzählig vieler Glieder nur 2 km lang.«
Ja, das sehen wir ein, aber was hat das alles ...
»... mit der Schildkröte zu tun? Also denn

siebtens: Auch *ihre* einzelnen Wegstrecken nehmen ab, immer um 1/10, da Achill 10mal schneller als sie läuft, und darum ist die Summe aller ihrer Wegstrecken ebenfalls *endlich*. Ihr fragt, wie groß? Rechnen wir:

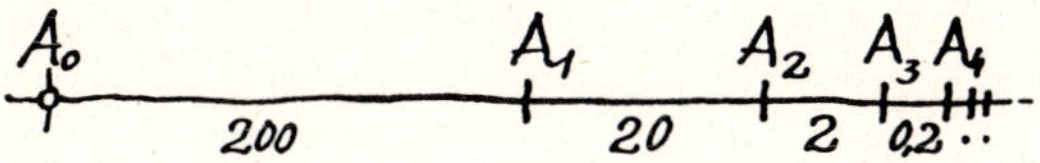

Der Vorsprung A_0A_1 ist	200 m
Während der 10mal schnellere Achill sie durchläuft, legt die Schildkröte zurück: $S_1S_2 = A_1A_2 =$	20 m
Während Achill diese 20 m zurücklegt, macht sie	2 m
usw.	

Das ergibt folgende Summe:

$$20 + 2 + 0{,}2 + 0{,}02 + 0{,}002 + \ldots \text{ m}$$
$$\text{oder } 22{,}222 \ldots \text{ m} = 22 \text{ m } 22 \text{ cm } 2{,}222 \ldots \text{ mm.}$$

Das ist die *genaue* Länge des Gesamtweges, der sich aus den unzähligen Einzelwegen der Schildkröte zusammensetzt. Also alle durch die 10fache Geschwindigkeit des Achill stets auf den 10. Teil verkleinerten Wegstrecken sind zusammen kleiner als 22 m 23 cm.
Das aber heißt also denn

achtens: Wenn Achill den Vorsprung von 200 m hinter sich hat und dann noch 22 m 23 cm gelaufen ist, dann hat er Zenons Schildkröte bereits (um beinah 8 mm) *überholt!*
Was ich euch beweisen sollte. Also denn, ich bin am Ende.«
So sagt der Mathematiker. Wir bedanken uns bei ihm und wollen's ihm glauben.

Die Unsterblichen
(auf der Erde)

Pythagoras, um 580 v. Chr. auf der Insel Samos geboren, war ein weitgereister Mann, der Ägypten so gut kannte wie Babylonien. Sein Landesvater Polykrates stand unterdessen bloß auf den berühmten Zinnen seines Daches. Von Geist hielt er nicht viel.
So wenig, daß Pythagoras nach Kroton an der Sohle des italienischen Stiefels auswanderte. Dort gründete er eine Schule der Weisheit, und seine Schüler hingen an seinem Munde. Wunder über Wunder zeigte er ihnen. Zum erstenmal, seit die Welt bestand, ließ er sie daraufblicken durch die mathematische Brille. Das war aufregend –: Denn durch diese Brille sah man plötzlich in jedem Ding als Seele – eine Zahl, in einem Huhn so gut wie in einem Menschen!
»Die Zahl ist das Wesen aller Dinge«, beruhigte sie Pythagoras, wenn sie von dieser Wahrheit erschüttert wurden.
Und dann lehrte er sie *seinen* Satz, den Satz, an dem sich die Menschen in zwei Gruppen scheiden: in die einen, die an ihm leiden (wie Virgil), und in die anderen, die an ihm froh werden. Der Satz aber ist der über das (in *C*) rechtwinklige Dreieck *ABC* mit den Schenkeln *CA, CB* und der Spannseite *AB:*
Die Summe der Schenkelquadrate ist gleich dem Spannseitenquadrat.

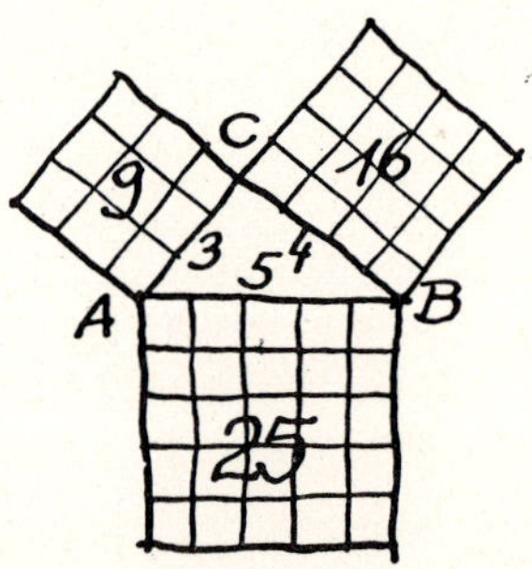

Die Mathematiker, die nur schlecht deutsch schreiben können, drücken ihn so aus:

$$CA^2 + CB^2 = AB^2,$$

oder in Zahlen etwa $3^2 + 4^2 = 5^2$ oder $9 + 16 = 25$. Man kann ihn auch zeichnen.

Aus Freude über diesen für die Menschheit so wichtigen Satz soll Pythagoras den Göttern hundert Ochsen geopfert haben. Ob hier nicht im Lauf der Zeiten den Ochsen eine Null zuviel angehängt wurde? Denn Kroton war doch nur eine kleine Stadt.

Doch wie dem auch sei, selbst diese Ochsen werden dem Pythagoras nicht gegönnt. Immer gibt es ja Leute, die an einem großen Mann herumstochern; und hier behaupten sie: Der Satz stamme gar nicht von Pythagoras, er sei schon den Babyloniern bekannt gewesen, wahrscheinlich habe er ihn von dort (gelinde gesagt) mitgenommen, und bestenfalls habe er ihn nur bewiesen.

Gestohlen aber hat Pythagoras sicherlich nicht, sonst säße er nicht im Fegfeuer, sondern in der Hölle. Dort müßte er schmoren und könnte keine Zahlenröllchen drehen, Röllchen aus je drei solchen Ganzzahlen, die der Quadratbedingung genügen. Der einfachste Zahlendrilling ist (3, 4, 5), wie ihn auch unsere Zeichnung darstellt; einen anderen (20, 21, 29) nennt unsere Geschichte (S. 49). Heute wissen wir, daß es unzählig viele solcher Zahlendrillinge gibt, aber damals im kleinen Kroton gab es noch nicht so viele, sonst müßte ja Pythagoras ewig im Fegfeuer sitzen. Und das kann der liebe Gott eigentlich nicht wollen, nicht wegen der zahlhaften Hühnerseele, nicht wegen des Satzes, an dem sich die Menschen scheiden, und erst recht nicht wegen der hundert Ochsen, die es weniger auf der Welt gibt.

Eratosthenes lebte im 3. Jahrhundert v. Chr., zuletzt in Alexandria. Er hat ein Verfahren angegeben, wie man aus den natürlichen Zahlen 1 2 3 usw. die Primzahlen heraussieben kann, also die Zahlen wie 2 3 5 7 11 ... 53 ... 97 ... 607 ... 4327, die außer 1 und sich selber keinen Teiler haben.

Die Zahl 12 ist durch 2, 3, 4, 6 restlos teilbar und natürlich auch noch durch 1 und durch 12; ihre Nachbarn 11 und 13 haben keine Teiler außer 1 und sich selber, sie sind Primzahlen. Es ist meistens nicht leicht, einer hohen Zahl anzusehen, ob sie Primzahl ist oder nicht. Ist 4661 eine? Nein, denn $4661 = 59 \cdot 79$, dagegen ist es die nächste ungerade Zahl 4663. Die Aufgaben, eine große Zahl als Primzahl zu erkennen und Gesetzmäßigkeiten über ihre Verteilung in Zahlenreihe auszusagen, sind sehr schwierig und nur zum Teil gelöst.

Die 19stellige Zahl, die Eratosthenes bei Dantes Besuch gerade als größte aussiebte ($2{,}3 \cdot 10^{18} = 2^{61} - 1$, S. 49), haben wir auf der Erde erst 1883 gefunden, und dann 1917 eine noch größere 39stellige ($1{,}7 \cdot 10^{38} = 2^{127} - 1$), dabei ist $2^{127} = 2 \cdot 2 \cdot 2 \ldots \cdot 2$ ein Produkt aus 127 Faktoren 2; nun kannst du sie selbst ausrechnen). Jetzt in unseren Tagen sind die riesigen Rechenungeheuer auf die Welt gekommen (in Amerika), vor denen uns das Gruseln ankommt, Ungeheuer, die sich langsam über die Erde verbreiten und in einem winzigen Augenblick Tausende von Aufgaben lösen können, wenn man sie nur rasch genug mit Zahlen füttert. Auch Primzahlen-Finden macht ihnen nicht viel Beschwer. Die größte ist bis jetzt (1953) eine mit 687 Stellen ($4{,}46 \cdot 10^{686} = 2^{2281} - 1$).

Beim Sieb des Eratosthenes aber braucht's keine Hebel und keine Schrauben, da geht alles menschlich zu, und ist es auch sehr klug und sinnvoll, so überrascht es uns doch durch seine Einfachheit:

Schreibe die natürliche Zahlenreihe an (ohne 1, die nicht als Primzahl gilt) und streiche dann nacheinander alle 2-Vielfache (2 4 6 usw., alle geraden Zahlen) aus, dann alle 3-, 5-, 7-Vielfachen usw.:

Zahlenreihe	2	3	4	5	6	7	8	9	10	11	12	13	14	...
2-Siebung	2	3	.	5	.	7	.	9	.	11	.	13	.	usw.
3-Siebung	2	3	.	5	.	7	.	.	.	11	.	13	.	usw.
5-Siebung	2	3	.	5	.	7	.	.	.	11	.	13	.	usw.

Allgemein: Nach einer Siebung streiche die Vielfachen des rechten stehengebliebenen Nachbarn. Hast du eben mit 5 »gesiebt«, so siebe danach mit 7, danach mit 11, mit 13 usw. Das ist das Sieb des Eratosthenes.
So durchsichtig dies Verfahren ist, nur er im Fegfeuer kann so lange und so geduldig sieben, bis er die Primzahl in unserer Geschichte gefunden hat. Aber noch etwas viel Schlimmeres: Es gibt – unzählig viele Primzahlen! Das hat ihm der Grieche Euklid eingebrockt und bewiesen. Dieser war Landsmann und Kollege von Eratosthenes an der Universität Alexandria (womit alles gesagt ist). Eratosthenes der Arme muß daher ewig im Fegfeuer bleiben, wenn ihm nicht doch eines Tages der liebe Gott einen Platz im Himmel anweist, wo er dann in alle Ewigkeit weitersieben kann.

Sindbad heißt nach den arabischen Schriftstellern, die unsere Geschichte von der Erfindung des Schachs erzählen, richtig Sissah ibn Dahir, und sein König heißt Shiram. Die Mathematiker belehren uns, die Aufgabe, die Summe aller so aufgezählten Weizenkörner zu bestimmen, gehöre in das Gebiet der geometrischen Reihen und stamme aus dem 10. Jahrhundert. Da wir heute das 20. schreiben, zählt also der gute Sindbad schon über tausend Jahre Weizenkörner ab. Und die es wissen, sagen weiter und beweisen: Die Summe aller Körner betrage

$$2^{64} - 1$$

und ausgerechnet ergäbe das unsere Zahl (S. 51); und die jährliche Weizenernte der ganzen Welt sei nicht imstande, soviel Körner zu liefern. »Kain kayser mecht daz bezalen«, meint auch die mittelalterliche Schrift, die uns die Geschichte ins Abendland weiterreicht, also auch nicht der Schah Shiram aus dem Morgenland. Ihm ging es, wie es jedem von uns geht mit solchen Reihen: Weil sie so harmlos anfangen 1 2 4 8 ..., täuschen sie uns über das ungeheuerliche Anwachsen ihrer Glieder, wenn man über die ersten hinaus ist. *Et respice finem,* warnen die Lateiner würdevoll, wir Hessen sagen einfach: »Hinten sticht der Bien!«

Bias, gestorben 540 v. Chr., wurde auf der Flucht aus seiner feindlich bedrängten Vaterstadt Priene in Kleinasien gefragt, ob er denn gar nichts mitnehme. Denn er trug keinen Koffer und keinen Rucksack, sondern zog, wie er ging und stand, mit fort. »Wieso? Alles, was ich brauche, habe ich ja bei mir!« welcher Satz sich lateinisch durch die Zeiten erhalten hat: *omnia mea mecum porto.*

So sehr verachtete er allen irdischen Besitz. Die Griechen mit ihren Kisten und Kasten konnten das gar nicht verstehen und versetzten ihn deshalb unter die Sieben Weisen (worunter sie im stillen arme Schlucker verstanden, die so anständig waren, nicht gegen ihre Armut aufzumucken).

Auf dieser Flucht aus der Heimat muß Bias das Fingereinmaleins kennengelernt haben, mit dem heute noch Zigeuner und rumänische Bauern rechnen sollen (auch arme Schlukker, es ist also doch etwas dran!). Die Finger trägt ja auch jedermann mit sich – *secum portat,* würde das lateinisch heißen – als einen Reichtum, von dem er meistens nichts weiß. Deshalb steht dies wunderbare Rechnen mit den Fingern hier für alle, die es nicht mit dem Kopf können. Verfahre dabei für die Aufgaben von $5 \cdot 5$ bis $9 \cdot 9$ so, wie es Bias zeigt:

$6 \cdot 8$; beuge die 5-Überschüsse 1 und 3 je an einer Hand ein, $6 = 5 + 1$ und $8 = 5 + 3$. Die eingebeugten Finger *zähle zusammen,* $1 + 3 = 4$, sie ergeben die *Zehner,* also 40. Die *stehenden* Finger aber *vervielfache* miteinander, $4 \cdot 2 = 8$, sie sind die *Einer,* im ganzen also 48; Ergebnis: $6 \cdot 8 = 48$.

Archimedes wurde 290 v. Chr. in Syrakus geboren und dort 212 erschlagen. Die Mathematiker nennen ihn ihren größten, und Plinius, der antike Brockhaus, macht ihn gar zum »Gott der Mathematik«. Plutarch, der sich ebenfalls gut in der Weltgeschichte auskannte, erzählt Wunderdinge von ihm: Er habe Maschinen gebaut, die feindliche Schiffe aus dem Wasser hoben, und Brennspiegel, mit denen er sie durch die Sonne in Brand steckte; also eigentlich ein verfrühter Zeitgenosse. Und mit dem Hebel habe er sich so gut ausgekannt, daß er sich gerühmt habe: »Gebt mir einen Punkt im Weltall, und ich hebe die Erde aus ihren Angeln!« Das wollte aber der liebe Gott nicht, denn er zweifelte schon damals an der Friedfertigkeit der Menschen.

Mit Hieron, dem Herrscher von Syrakus, war Archimedes befreundet, und der stellte ihm die Aufgabe mit der Krone. Er traute den Goldschmieden nicht, man kann eine Krone auch mit Blei schwer machen. Das sollte Archimedes bei seiner herausfinden, ohne sie zu zerbrechen und hineinzusehen. Nein, die Krone sollte ganz bleiben, Hieron war abergläubisch. Doch wie macht man das? Wie schaut man einer Sache in den Bauch, ohne es zu tun? Das ist weiß Gott nicht leicht.

Aber eines Tages in der Badewanne kam Archimedes die Erleuchtung, die seitdem in jedem Physikbuch steht:

Ein Körper verliert im Wasser so viel an Gewicht, wie die von ihm verdrängte Wassermenge wiegt.

»Heureka, ich hab's«, rief er, sprang aus der Wanne, lief heim und hängte an einen Waagebalken links die Krone und rechts einen gleichschweren Goldklumpen, so daß die Waage einspielte. Dann tauchte er Krone und Klumpen einfach in Wasser –: Blieb die Waage im Gleichgewicht, dann war die Krone aus lauterem Gold; neigte sie sich aber, dann war sie es nicht, und der Goldschmied hatte gemogelt. Wie's war, wissen wir nicht. Wahrscheinlich war doch Blei drin. Hierons Reich besteht nicht mehr.

Für die, die die Zusammenhänge genau wissen wollen:

Gewicht der Krone: $G = V \cdot s$,
Gewicht des Goldklumpens: $G' = V' \cdot s'$,

wobei V, V' die Rauminhalte und s, s' die Artgewichte jeweils von Krone und Klumpen sind. Sind beide Gewichte in Luft gleich, $G = G'$, so muß sein

$$V \cdot s = V' \cdot s'. \qquad (1)$$

Hängt man nun einen Körper (sagen wir, von 2000 Gramm) ins Wasser, so wiegt er dort weniger (etwa 1500 Gramm). Der Gewichtsverlust G'' (= 2000 − 1500 = 500 Gramm) ist nach Archimedes gleich dem Gewicht des verdrängten Wassers, also $G'' = V'' \cdot s''$ (= 500 Gramm) = V'', da das Artgewicht von Wasser $s'' = 1$ ist. Die Maßzahl (500) des Gewichtsverlustes G'' (= 500 Gramm) ist also gleich der Maßzahl (500) des Rauminhalts V'' (= 500 cm^3). Einfach, aber grob gesagt: Der Rauminhalt V eines Körpers (Krone, Klumpen) ist gleich seinem Gewichtsverlust in Wasser.
Bleibt daher die Waage im Gleichgewicht, wenn Krone und Klumpen im Wasser hängen, dann sind die Gewichtsverluste gleich, also auch die Rauminhalte gleich, $V = V'$, daher muß nach Gleichung (1) auch $s = s'$ sein; die Artgewichte sind gleich, die Krone ist aus reinem Gold.
Neigt sich aber die Waage, dann sind die Gewichtsverluste und damit die Rauminhalte von Krone und Klumpen ungleich, $V \neq V'$, daher auch die Artgewichte, $s \neq s'$; die Krone ist nicht aus reinem Gold. Da zu Archimedes' Zeiten Gold das schwerste Metall war, mußte sich die Waage in diesem Fall nach der Klumpenseite senken.
Und dann müssen wir heute in der Schule noch etwas von Archimedes lernen: seine *Kreiszahl* Pi, $\pi \approx 22/7 \approx 3{,}14$, die angibt, daß der Durchmesser eines Kreises rund 3,14mal in seinem Umfang enthalten ist. Sie bringt also das Krumme und das Gerade in einem Verhältnis zusammen (π = Umfang : Durchmesser). Wer weiß, wie schwer schon Krumm und Krumm zusammenkommen, der kann sich vorstellen, *wie* schwierig es erst ist, diese Kreiszahl zu finden. Da kann man nicht einfach plump drauflosgehen, sondern muß sich leise und listig an sie heranpirschen. Nun, das tat denn auch Archimedes: Er rückte ihr von unten und oben immer dichter auf den Pelz und hat sie auf diese Weise schließlich eingekeilt zwischen $3\frac{10}{71}$ und $3\frac{10}{70}$ (oder $= 3\frac{1}{7} = \frac{22}{7}$).
Was halfen aber Archimedes alle Wundertaten? Erzählen wir sein Ende genauer als der Aufseher im Fegfeuer, der es nur vom Hörensagen kannte. Syrakus wurde von den Römern belagert, die damals dabei waren, sich in der Welt einzurich-

ten und jede Gelegenheit dazu benutzten. Marcellus hieß ihr Anführer. Die Stadt wehrte sich tapfer mit dem Brennspiegel und den Wundermaschinen des Archimedes, aber einem Bürger dauerte das zu lang, und er verriet sie. Danach rollte alles rasch ab. Die Römer ergossen sich in die Gassen, und so drang auch einer in den kleinen Hof, wo Archimedes versunken saß über seinen Zeichnungen im Sand. Großem war er wieder auf der Spur, denn er rief auf Syrakusanisch:

tàn kephalàn mè tàn grammán
»Lieber den Kopf als die Kreise!«,

dann aber, weil das der Römer nicht verstand:

Noli turbare circulos meos
»Stör mir ja meine Kreise nicht!«.

Da wurde er von dem Römer erschlagen, der es als Zumutung empfand, etwas Geistiges zu schonen.

Als Marcellus davon hörte, wurde er wütend und ließ den Soldaten ebenfalls erschlagen, nicht wegen Archimedes mit dem Geist, sondern wegen Archimedes mit dem Brennspiegel.

Es nützte nichts mehr. Archimedes war tot. Marcellus konnte nur noch großartig einen Kranz niederlegen: »Der Feind dem Freund« (oder umgekehrt). Darauf begrub man Archimedes unter einem Leichenstein mit Inschrift und Zunftzeichen (aus einer Walze und einer Kugel). Und dann wurden beide vergessen, der Leichenstein und er.

Hundertfünfzig Jahre danach suchte und fand Cicero, der große Redner und Römer(!), auf dem völlig verstrüppten Friedhof von Syrakus den Stein; die Landsleute hatten ihn nicht einmal gesucht. Cicero erkannte ihn an dem Zunftzeichen, die Inschrift war verwittert. Davon schrieb er zu Hause in sein Tagebuch und schloß dann:

». . . so hätte diese einstmals so berühmte Stadt Griechenlands das Grab ihres scharfsinnigsten Bürgers nicht gekannt, wenn es nicht ein Mann aus Arpina (dorther stammte Cicero) entdeckt hätte.«

Ein Mann aus Arpina! Welch ein schwacher Trost wäre das in der Welt (aber es wäre immerhin einer), wenn sich jeweils nach hundertfünfzig Jahren ein Mann aus Arpina aufmachte, um ein vergessenes Grab zu suchen!

Thales, der im 6. Jahrhundert v. Chr. lebte, war ein so kluger und vor allem ein so friedlicher Mann, daß ihn die Griechen in die Akademie der Sieben Weisen aufnahmen. So friedlich war er, daß er glaubte, die Erde mit all ihren Bergen und Tälern sei aus dem friedsamen Urwasser friedsam entstanden, nicht gewaltsam mit Feuer und Knall, wie das sein Kollege Anaxagoras annahm. Noch zu Goethes Zeiten behauptete Thales:
»Sie (die Natur) bildet regend jegliche Gestalt, und selbst im Großen ist es nicht Gewalt.«
So kletterte er auch nicht mit viel Umtrieb, Stangen und Leitern auf die Cheopspyramide, um ihre Höhe zu messen, als das bei seinem Aufenthalt am Nil der ägyptische Pharao von ihm verlangte, sondern steckte lächelnd seinen Spazierstock in den Sand und sagte:
»Pharao, so wie sich mein Stock zu seiner Schattenlänge verhält, so verhält sich die Höhe deiner Pyramide zu ihrer Schattenlänge (was dem Pharao gar nicht recht war!). Miß die beiden Schatten und meinen Stock und dann rechne –, das ist alles!«
Wie einfach und leise! Wie friedlich, die Dinge bleiben heil, und die Stille bleibt es! Wunderbarer Thales!
Und so fand er auch seinen schönen Satz:

Der Umfangswinkel im Halbkreis ist ein Rechter.

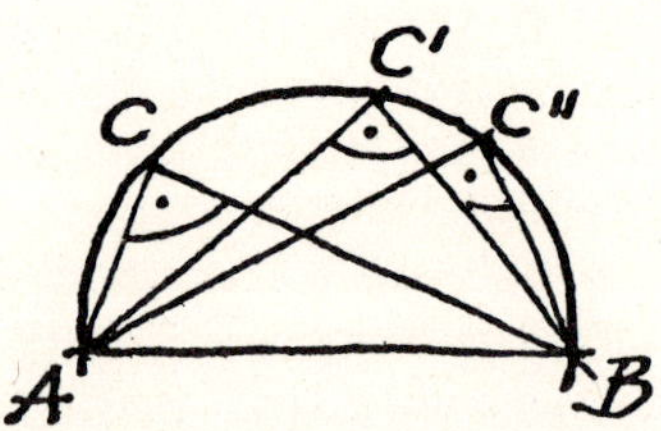

Wie wunderbar –: Wo immer auch auf dem Kreis der Scheitel C liegt, in C', C'', C''', stets ist der Winkel ABC ein Rechter.

Platon, der von 427 bis 347 in Athen lebte, gründete dort eine Akademie, über deren Tor er die Worte setzte:

medeĩs ageómetros eisíto,

was auf lateinisch heißt:

geometria nescius ingrediatur nemo,

und auf deutsch, wie wir schon im Fegfeuer lasen:

Wer keine Mathematik versteht,
komme mir nicht unters Dach!

Wir sehen, er hat es ernst mit dieser Wissenschaft gemeint. So ernst, daß er zeitlebens – Philosoph geblieben und nicht zu ihr übergetreten ist. Ein feiner Zug.
Platon hat viele Bücher geschrieben über Gott und die Welt, und darum auch über den Staat. Mit seinem Lehrer Sokrates war er sehr befreundet. Dieser kam oft zum gastmahlen und philosophieren. So befreundet war Platon mit ihm, daß er in seinen Büchern den Sokrates die eigenen sokratischen Gedanken selbst aussprechen ließ. Dies ist das Äußerste, wessen eine Freundschaft fähig ist. Denn wer je ein Buch geschrieben hat, weiß, wie schwer es fällt, von einer fremden Feder zu sagen, sie gehöre nicht dem eigenen Vogel.
Platon war ein unruhiger, um nicht zu sagen, unangenehmer Geist: Was ist der Mensch? Was will er hier auf der Erde? Ist er böse oder ist er gut? Was heißt überhaupt gut? Als Platon daher von einem Einsiedler, dem er irgendwo begegnet war, das Menschen- oder Einsiedlerspiel kennenlernte, stürzte er sich sofort darauf, denn er witterte darin die Lösung auf seine unangenehmen Fragen.
Spielt man es, wie es Platon tat, mit 32 Hölzchen, dann ist es immer möglich, durch richtiges Ziehen und Überspringen auf nur *ein* Hölzchen zu kommen und die andern alle hinauszuwerfen:

a) Es darf nur in den vier Himmelsrichtungen gesprungen werden, also nur längs und quer, nie schräg.
b) Es darf nur über *ein* Hölzchen in ein dahinter freies Loch gesprungen werden, nicht über zwei oder mehrere Hölzchen.

Es ist ein rechtes Einsiedlerspiel mit dem seltenen Vorzug, daß man es allein spielen kann. Platon hat zwar im Fegfeuer versucht, es mit seinen Nachbarn um die Wette zu spielen nach der Uhr oder wer auf die geringste Anzahl Hölzchen kam; aber das hat sich bald wieder zerschlagen.

Fährmann, hol über

Alkuin ist wirklich ein irischer Mönch gewesen, 735 in York geboren und von Karl dem Großen an den Hof gezogen worden mit dem Auftrag, das Schulwesen zu heben. Als Lehrer war er sehr geschätzt, nicht nur wegen seiner Gelehrsamkeit, sondern auch wegen seiner geschickten Art, mathematische Aufgaben »zur Verstandesschärfung der Jugend« in ein lustiges Gewand zu kleiden. Eine alte Sammlung von Propositiones ad acuendos iuvenes, die sehr wahrscheinlich auf Alkuin zurückgeht, ist immer wieder überliefert worden, darunter auch die reizvolle Überfahrt mit dem Wolf, der Geiß und dem Kohlkopf, freilich nur als reine Aufgabe ohne Alkuin als Mitspieler.
Ihre Lösung ist nicht schwer:

1.	Hinfahrt:	Geiß		
	Rückfahrt:	leer		
2.	Hinfahrt:	a) Krautkopf	oder	b) Wolf
	Rückfahrt:		Geiß!	

Der Witz der Aufgabe: die Rückfahrt nicht leer zu machen!

3.	Hinfahrt:	a) Wolf	oder	b) Krautkopf
	Rückfahrt:		leer	
4.	Hinfahrt		Geiß	

Aufgezeichnet ist die Überfahrt noch klarer in ihren Einzelheiten:

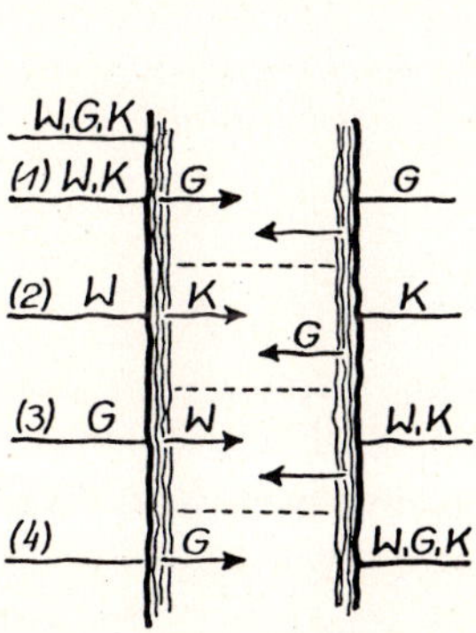

Nur Alkuin kann rudern, deshalb bedeutet der Pfeil auf dem Rhein zugleich Boot und Fährmann; W Wolf, G Geiß, K Krautkopf. Nur die Überfahrt a) ist dargestellt.

Diese gefährlichen Überfahrten haben ob ihres Reizes seit Alkuins Zeiten immer wieder Abwandlungen erfahren. Wohl auf ihn geht noch folgende eifersüchtige zurück:

Drei Ehepaare kommen an einen Fluß und wollen übersetzen. Sie finden aber nur ein zweisitziges Boot ohne Fährmann. Nun sind die Ehemänner über die Maßen eifersüchtig, so daß keiner seine Frau *allein* in der Gesellschaft eines anderen Mannes lassen will.

Da sich diese Aufgabe aber für Schüler und Schülerinnen nicht recht eignet, hat Alkuin ihnen eine weitere Abwandlung davon, die Geschichte von Kolumbus, erzählt.

Hier die Lösung:

Verfolge die Überfahrt wie Alkuin und seine Schüler mit Streichhölzchen!

Zuerst gibt es zwei Möglichkeiten: Es fahren entweder 2 Schwarze oder 1 Weißer und 1 Schwarzer. Beginnen wir so:

1. Hinfahrt: 2 Schwarze
   Rückfahrt: 1 Schwarzer
   Stand: 3 Weiße und 2 Schwarze – 1 Schwarzer

2. Hinfahrt: 2 Schwarze
   Stand: 3 Weiße – 3 Schwarze

Beginnt man mit der zweiten Möglichkeit, mit 1 Schwarzen und 1 Weißen, so muß nach der zweiten Hinfahrt der Stand sein wie eben.

   Rückfahrt: 1 Schwarzer

3. Jetzt aber wird es kitzelig: Laden wir 1 Weißen zu dem zurückkommenden Schwarzen, dann sind nachher drüben 3 Schwarze gegen 1 Weißen. Das geht also nicht. Daher muß der Schwarze heraus aus dem Boot, und 2 Weiße müssen hinein.

Hinfahrt: 2 Weiße
Stand: 1 Weißer und 1 Schwarzer – 2 Weiße und 2 Schwarze

Wer fährt nun das Boot zurück? Tut es 1 Weißer, dann wird der andere Weiße von den 2 Schwarzen niedergemacht. Tut es 1 Schwarzer, dann wird der Weiße auf dem Ausgangsufer getötet. Also müssen *zwei* Mann, und zwar 1 Weißer und 1 Schwarzer, das Boot zurückbringen! Hier liegt der Witz bei *dieser* Überfahrt! Also

Rückfahrt: 1 Weißer und 1 Schwarzer
Stand: 2 Weiße und 2 Schwarze – 1 Weißer und 1 Schwarzer

Um also 1 Weißen und 1 Schwarzen auf das Gegenufer und das Boot wieder zurückzubringen, mußte der Fluß sechsmal gekreuzt werden, eine schwierige Überfahrt!

4. Hinfahrt: 2 Weiße
Rückfahrt: Der Schwarze

Jetzt sind also alle Weißen drüben und alle Schwarzen noch hier: Die Gefahr ist vorbei!

5. Hinfahrt: 2 Schwarze, einer steigt aus, der andere bringt das Boot zurück und holt in der
6. Hinfahrt: den letzten Schwarzen herüber.

Wieviel Überfahrten? 6 Hinfahrten, 5 Rückfahrten, 11 mal also mußte der Fluß gekreuzt werden. Die Zeichnung (S. 106, darin | Weißer, × Schwarzer) stellt sie anschaulich dar.
Wer nun noch nicht genug davon hat, versuche einmal, 4 Weiße und 4 Schwarze unter den gleichen Bedingungen, zweisitziges Boot und ohne Überzahl der Schwarzen, überzusetzen. Er wird sehr überrascht sein, nach der 3. Hinfahrt, sofern er die Überfahrt wie eben beginnt, sitzt er fest, weil auf je einem Ufer 2 Weiße und 2 Schwarze sind. Zurückbringen kann das Boot 1 Weißer und 1 Schwarzer, aber dann geht es nicht mehr weiter.

Willst du also boshaft sein, so stellst du einem guten Freund einmal diese Aufgabe. Wenn er sich dann mit den Streichhölzern allmählich in den erfreulichen Zustand des Fluchens

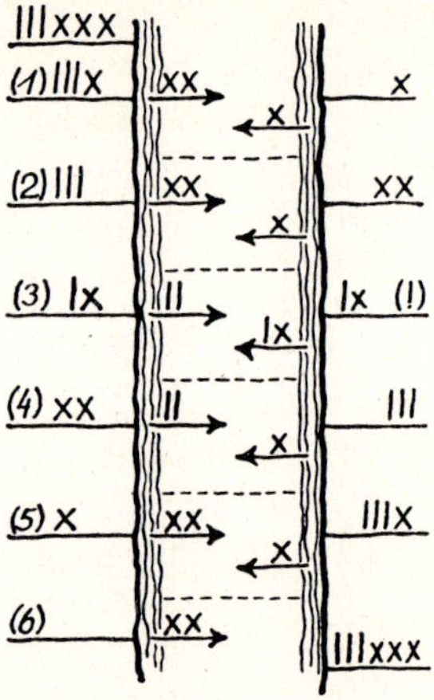

gefahren hat, schiebst du ihm sanftmütig ein Stück Papier als *Insel* in den Strom und sagst treuherzig, er möge verzeihen, du hättest das ja ganz vergessen. Denn dann geht plötzlich auch diese Überfahrt mit den 4 Weißen und 4 Schwarzen, ja sogar auch mit mehr, sehr einfach.

Wenn du dann noch nicht seekrank geworden bist, so überlege dir, ob Kolumbus hätte heil aus Amerika heimkehren können, wenn von den Weißen nur er und von den Schwarzen auch nur *einer* hätte rudern können.

Gib acht auf den zweiten Wolf!

Willst du einsehen, wie der Schäfersohn *die erste Aufgabe* gelöst hat, so malst du dir am einfachsten die 7 Stände auf,

1	2	3	4	5	6	7
S	S	S		W	W	W

besetzt sie links mit drei Zehnpfennigstücken (den Schafen S 1 2 3) und rechts mit drei Markstücken (den Wölfen W 5 6 7). Dann beginnst du bei den Schafen (du kannst natürlich auch bei den Wölfen anfangen; – Zug, × Sprung):

3 – 4	darauf 4 × 6
5 × 3	2 × 4
dann den 2. Wolf (!):	1 – 2,
6 – 5;	eine bunte Reihe von rechts (7) her.

Nun laß die Schafe ruhig stehen und die 3 Wölfe nach links hin über sie springen:

3 × 1   5 × 3   7 × 5,

eine bunte Reihe von links (1) her! Darum laß jetzt die Wölfe ruhig stehen und führe die Schafe nach rechts:

6 – 7	4 × 6	2 × 4,
dann 3 – 2	5 × 3	

und schließlich 4 – 5, die Ställe sind gewechselt!
Hast du Freude an diesem Stallwechsel, so versuche ihn einmal mit 4 Wölfen, 4 Schafen und 9 Ständen.

Die folgende Stallaufgabe hat einmal ein König den Freiern seiner Tochter gestellt:
In den 12 Ständen 1 ... 12, die kreisförmig um einen Hof herumliegen (wie die Zahlen auf dem Zifferblatt einer Uhr), steht je ein Pferd, im ganzen sind es also 12 Pferde. Ein Freier muß die 6 Pferde von 7 ... 12 noch zu den Pferden

1 . . . 6 stellen, so daß dort je 2 Pferde in einem Stall sind und er beim Einstellen mit dem Pferd (aus 7 . . . 12) jeweils 2 Pferde *überspringt,* zum Beispiel 10 – 1, das heißt Pferd 10 kommt in Stand 1 und überspringt dabei die beiden Pferde 11 und 12; oder auch rückwärts 8 – 5 über 7 und 6. Die beiden übersprungenen Pferde können noch einzeln in zwei Ställen oder schon zusammen in einem Stall stehen.
Zur Lösung zeichne dir ein großes Zifferblatt und belege jede Zahl mit einer Münze. Dann beginne so: 7 – 4, dann 12 – ? usw., und nach weiteren vier Zügen stehen dann in den Ställen 1 . . . 6 je 2 Pferde.

Die zweite Aufgabe
Wir schauen dem Schäfersohn zu und schreiben seine Umfüllungen mit den Krügen A, B, C übersichtlich so an:

Umfüllung	A zu 8	B zu 5	C zu 3 Maß	Fülle:
0	8	0	0	–
1	3	5	0	A in B
2	3	2	3	B in C
3	6	2	0	C in A
4	6	0	2	B in C
5	1	5	2	A in B
6	1	4	3	B in C
7	4	4	0	C in A

Er gießt also zuerst den Krug B voll, so daß in Krug A noch 3 Maß sind; dann weiter so, wie die Tafel angibt. Mit 7 Umfüllungen ist die Arbeit geschafft. Übrigens hätte der Schäfersohn auch zuerst A in C füllen können, nur hätte er dann 8 Umfüllungen gebraucht. Wie heißen sie?
Auch diese Umfüllungen kannst du mit 8 Münzen in drei »Ställen« A, B, C handgreiflich vollziehen, nur mußt du daran denken, daß in B höchstens 5 und in C höchstens 3 Münzen liegen dürfen, sonst laufen die Krüge über!

Die dritte Aufgabe
Als der Schäfersohn vor der Aufgabe stand, die 15 weißen und die 15 schwarzen Tiere aus dem Kreis durch Auszählen mit der Zahl 9 zu scheiden, da fielen ihm seine 30 Stäbchen ein. Er zog sie hervor, legte sie nebeneinander:

IIIIIIIIII IIIIIIIIII IIIIIIIIII

und dachte sich das letzte anschließen an das erste wie in einem Kreis. Dann fing er vom ersten an bis 9 zu zählen und legte das 9. Hölzchen *quer*. Darauf begann er beim nächsten (10.) wieder mit 1 zu zählen 1 . . . 9 und legte das 9. wieder quer usw. Vom letzten Hölzchen (3) zählte er am linken Anfang weiter: 4 5 6 usw. Wenn ihm ein Querhölzchen in der Zählbahn lag, so zählte er es nicht mehr mit, sondern übersprang es. Auf diese Weise bekam er schließlich die richtige Anordnung heraus (| weißes Tier, × Querhölzchen für schwarzes Tier):

IIIIXXXXX IIXIIIX IXXIIXXX IXXIIX

Merkzahl: 4 5 2 1 3 1 1 2 2 3 1 2 2 1.

Als die Aufgabe aus dem Märchen unter die Menschen gekommen war, wurde sie von diesen noch grausamer gestellt als von der Stiefmutter: Eines Tages geriet ein Schiff mit einer Mannschaft von 15 Christen und 15 Türken in Seenot, so daß der Kapitän erklärte, das Schiff sei nur zu retten, wenn die Hälfte der Besatzung über Bord springe. Um den Anschein zu bewahren, daß der Zufall die Opfer auswähle, schlug ein findiger Christ vor, die Mannschaft im Kreis aufzustellen und jeden 9. Mann als Opfer auszuzählen. Wie oben wurden alle Türken ausgezählt und über Bord geworfen.
In dieser Gestalt erscheint die Aufgabe schon in Handschriften aus dem 10. Jahrhundert und spiegelt in ihren mannigfachen Einkleidungen wider, was sich im Laufe der Zeiten voll Haß gegenübergestanden hat: Christen und Türken oder Christen und Heiden oder Christen und Juden oder Weiße und Schwarze. Die ›Historia: Die XV Christen und

XV Türken, so auff dem meer furen‹ ist sogar von Hans Sachs in Reime gebracht worden. Die Geschichte hat die dritte Aufgabe der Stiefmutter als

Josephsspiel

bezeichnet, so nach einem jüdischen Feldherrn Flavius Josephus, der in Palästina erst gegen die Römer kämpfte (im P1. Jahrhundert), dann aber zu ihnen überging, nach Rom zog und die Gunst des römischen Kaisers gewann. Dort schrieb er die Geschichte des jüdischen Krieges. Um diesen Gesinnungswechsel hat die Nachwelt diese Legende gewoben:

Bei der Eroberung einer jüdischen Stadt sei Josephus mit 40 anderen Juden in einen Keller geflüchtet. Um nicht vom Feind getötet zu werden, beschlossen sie, sich gegenseitig zu töten. Josephus (und ein Freund von ihm) war dagegen, konnte aber seine Genossen nicht überzeugen und schlug daher, um den Anschein des Einverständnisses zu wahren, vor, sich nicht blindlings gegenseitig niederzumetzeln, sondern *sich in einem Kreis aufzustellen und jeden 3. Mann zu töten,* der letzte müsse sich dann selber umbringen. Angefangen zu zählen wurde beim ältesten Juden. Josephus selbst stellte sich an den 31. und schob seinen Freund auf den 16. Platz – und so blieben sie als die beiden letzten übrig und am Leben, weil die anderen davor umgebracht waren. (Prüfe mit Streichhölzchen nach, ob Josephus richtig stand; brich dazu dem 31. und dem 16. den Kopf ab, diese beiden kopflosen müssen beim Auszählen übrig bleiben!)

Von dieser blutigen hat sich später abgezweigt diese

Lustige Zechaufgabe

18 fröhliche Studenten feiern ein Fest mit einer großen Zeche. Sie sitzen alle an einem großen rechteckigen Tisch, je 7 an den beiden Längs- und 4 an der einen Querseite. Mitten in der Ausgelassenheit erhebt sich Bruder Lustig, wie sie ihn nannten: »Brüder – hört: Einer aus unserer Runde muß die ganze Zeche bezahlen, und zwar der, der übrigbleibt, *wenn*

wir jeden 7. auszählen, bei mir angefangen und herum wie die Kaffeemühle!« Hei, gingen da die Wogen hoch, und der dicke Wirt wurde herbeigeholt und an die leere Querseite gesetzt. Er ließ es sich lachend gefallen: Warum soll es gerade mich unter den 19 treffen! Aber es traf gerade ihn! Wo saß der Bruder Lustig?

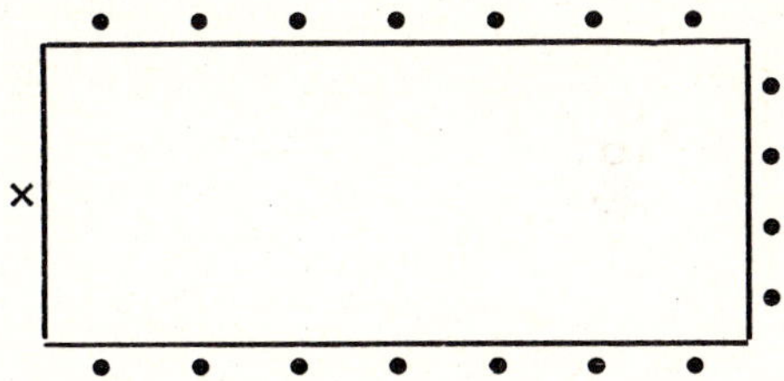

Merkwürdigerweise kennen auch die Japaner das Josephsspiel von altersher, aber unblutig, ohne Josephus und verbunden mit der Gutgläubigkeit des Wirts (»Warum soll es gerade mich treffen!«):

Das japanische Josephsspiel

Ein reicher Mann hatte von seiner ersten Gattin 15 Kinder (A-Kinder) und von seiner zweiten ebenfalls 15 Kinder (B-Kinder). Diese zweite Frau wollte erreichen, daß eins ihrer eigenen B-Kinder Erbe werde, und machte daher einen Vorschlag, mit dem auch der Vater einverstanden war, weil er die Wahl als eine Fügung des Himmels ansah: Alle 30 Kinder stellen sich im Kreis auf, *und jedes 10. wird ausgezählt* (nicht das 9.!); das letzte, das übrigbleibt, soll Erbe sein.

So geschah es. Und es begab sich, daß zuerst hintereinander 14 A-Kinder ausgeschieden wurden, so daß nur noch ein A-Kind unter den 15 B-Kindern stand. Da wehrte sich das A-Kind: »Wenn so weitergezählt wird, dann falle auch ich noch heraus. Darum verlange ich, daß die Zählung jetzt bei mir beginnt.« Die Mutter der B-Kinder hatte das zwar nicht eingerechnet, aber sie war großmütig damit einverstanden, denn sie war überzeugt davon, daß nach den 14 A-Kindern auch dies letzte eine noch unter den 15 B-Kindern im Laufe der Auszählung herausfiele – aber siehe: gerade das *eine* A-Kind blieb als Erbe übrig! Wie waren die Kinder aufgestellt?

Nun, so (A |, B ×):

XXI XXXIIIIIXXII XXXXIXIII XIIXXI

Merkzahl: 2 1 3 5 2 2 4 11 3 12 2 1.

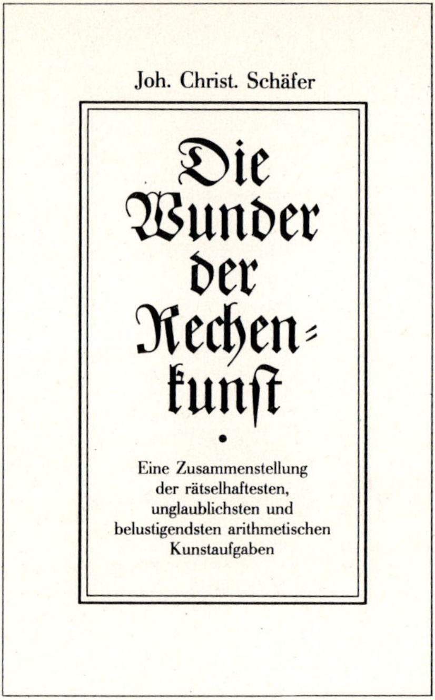
Joh. Christ. Schäfer

Die Wunder der Rechenkunst

Eine Zusammenstellung der rätselhaftesten, unglaublichsten und belustigendsten arithmetischen Kunstaufgaben

Von Johann Christoph Schäfer
Herausgegeben von Johannes Lehmann

Best.-Nr. 335-00689, Format 12x19 cm, 192 Seiten, 45 Abbildungen, kartoniert, DM 19,80

„Eine Zusammenstellung der rätselhaftesten, unglaublichsten und belustigendsten arithmetischen Kunstaufgaben" lautet der Untertitel des von Johann Christoph Schäfer verfaßten und in der Originalfassung im Jahre 1857 erschienenen Knobelbuches, das jetzt für alle Freunde von mathematischen Denksportaufgaben im Aulis Verlag neu aufgelegt wurde. Das Buch besteht aus folgenden drei Teilen: 153 Aufgaben in der Originalfassung von 1857, Resultate und Auflösungen der Rechenwunder und vom Herausgeber Johannes Lehmann hinzugefügte Lösungshilfen.

Aulis Verlag Deubner & Co KG · Köln